Profi-Hausverkauf: So füllen Sie Ihre Vertriebs-Pipeline

Tipps und Strategien für die Neukunden-Akquise
in der Bau- und Immobilienwirtschaft

Ralph Guttenberger

Edition Vertrieb

Impressum
Die deutsche Bibliothek – CIP-Einheitsaufnahme

Guttenberger, Ralph:
Profi-Hausverkauf:
So füllen Sie Ihre Vertriebs-Pipeline
Tipps und Strategien für die Neukunden-Akquise in der Bau- und Immobilienwirtschaft

Print: ISBN 978-3-00-059137-2
E-Book: ISBN 978-3-00-059136-5

1. Auflage 2019

Redaktionelle Unterstützung, Design, Layout:
text-ur agentur Dr. Gierke, Köln, www.text-ur.com

Coverbild: Dominic Schulz Fotographie, Leipzig und Jessen (Elster)
Korrektorat: Janine Rommer-Noack
Druck: Book on Demand, Hamburg

ISBN 978-3-00-059137-2

Printed in Germany

Inhaltsverzeichnis

Einleitung: Im Dreischritt zum intelligenten Hausverkauf

Als erfolgreicher Hausverkäufer wissen Sie: Wenn Sie nicht ständig darauf achten, dass Ihre Interessenten-Liste „Nachwuchs“ erhält, nutzt Ihnen auch der ausgeklügeltste Verkaufsprozess wenig. Vielen Profi-Hausverkäufern unterläuft der Fehler, sich auf die Kunden zu konzentrieren, die kurz vor dem Kauf eines Hauses stehen – womit hier der Abschluss eines Vertrages zum Bau eines Hauses oder einer Eigentumswohnung mit einer auf den Privatsektor spezialisierten Baufirma gemeint ist. Und dabei vernachlässigen sie auf problematische Weise die Aktivitäten, mit denen sie ihre Vertriebs-Pipeline nachhaltig und ständig füllen. Aber Interessenten für den Haus- (oder Wohnungs-)Bau für die eigene Firma zu finden, auch in Zeiten des Baubooms, ist nicht leicht! Und noch schwieriger ist es, die **richtigen** potenziellen Kunden zu finden, anzusprechen und zu überzeugen. Mit den „richtigen potenziellen Kunden“ meine ich diejenigen, die zu Ihren Angeboten, Ihren Haustypen, Ihren Zuschnitten und Ideen, Ihren Leistungen und Services passen – und die sich diese auch leisten können und wollen.

Die Vertriebs-Pipeline

Ihre Vertriebs-Pipeline ähnelt einem Trichter:

- Unten im Trichterstiel befinden sich diejenigen Hausprojekte, bei denen Sie kurz vor dem Kaufabschluss mit dem

Kunden stehen. Sie investieren viel Zeit und Gestaltungskraft, um jetzt positive Kundenerfahrungen zu prägen und den Hauskäufer ans Ziel seiner Wohnwünsche zu führen. Klar, das ist auch richtig so, Sie müssen und wollen ja zu Abschlüssen gelangen.

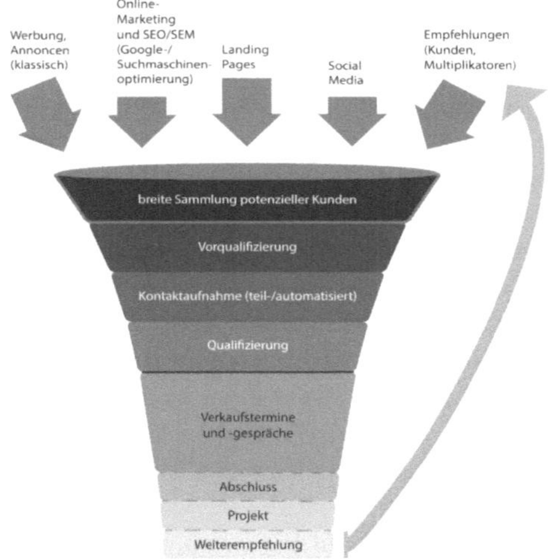

Abb. 1: Vertriebs-Pipeline – die Stufen des Verkaufs- und Entwicklungsprozesses
Quelle: Eigene Darstellung

- In der Trichtermitte liegen Ihre Verkaufschancen: Kontakte mit Interessenten und Kunden, die noch vertieft werden müssen. Auch hier winken rasche Umsätze – Sie müssen halt „nur noch" genügend Power entfalten und erfolgreich um den potenziellen Kunden kämpfen, ihn mit sachlichen Argumenten überzeugen und an seinen emotionalen

Wurzeln packen. Auch das kostet Sie Zeit und Energie, es lohnt sich aber.

- Oben am Trichter aber wird die Ente fett: Hier befindet sich der Bereich, den viele Profi-Hausverkäufer leider relativ weit außer Acht lassen: das „Einsaugen" von Interessenten, Neukundenadressen und spannenden Kundenpotenzialen. Hier geht es darum, Kontakte von Interessenten, von potenziellen Kunden – neudeutsch auch Leads genannt – in großer Zahl zu generieren. Möglichst zugespitzt auf Ihre Angebote – aber durchaus noch im größeren, breiteren Umfang. Hier regiert das Gesetz der großen Zahl: nur aus einer großen Zahl an ständig nachströmenden vorqualifizierten Interessenten lässt sich in der Folge auch eine gute Zahl an verwertbaren Leads und am Ende eine erfreuliche Zahl an konkreten Neukunden schaffen.

Aber genau um diesen Bereich an der Trichteröffnung kümmern sich viele Hausverkäufer nicht allzu gern, denn hier werden sie mit der Mühsal der Neukundengewinnung konfrontiert, obwohl noch kein direkter Umsatz winkt. Doch klar ist auch: Wer so denkt und handelt, hat in nicht allzu ferner Zukunft ein Umsatzproblem. Wer nicht für Nachschub sorgt, wird bald in einen leeren Trichterstiel schauen. Denn die Kontakte und Interessenten von heute sind die Neukunden von morgen und die begeisterten Empfehler von übermorgen.

In diesem Buch geht es um den kritischen oberen Trichterbereich. Sie erfahren wie es gelingt, dass sich hier immer genügend Kontakte resp. vielversprechende Kontaktadressen befinden.

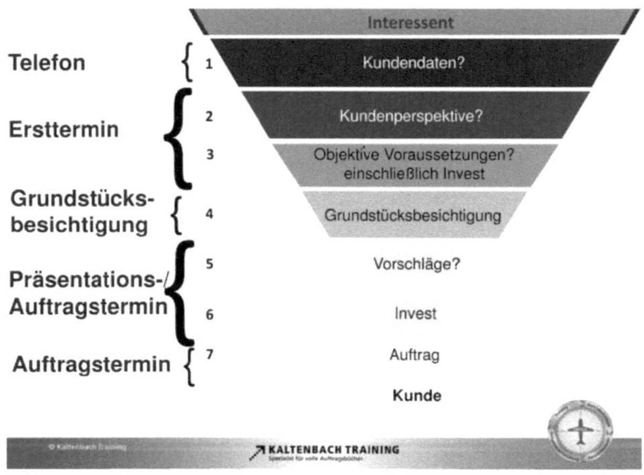

Abb. 2: Der Verkaufstrichter
Quelle: Guttenberger, Ralph: Punktlandung im Hausverkauf, 2017, S. 16

Voraussetzungen für Ihre erfolgreiche Neukundenakquisition

Nie war dieses Buch so wertvoll wie heute! In der Übertreibung liegt die Kraft, Dinge zu verdeutlichen. Worauf wir hinauswollen: Seit einiger Zeit unterstützt die Regierung Häuslebauer und Familien, die Wohneigentum erwerben wollen, mit dem so genannten Baukindergeld. Ein Jahrzehnt lang winkt für Familien eine Unterstützung von 1.200 Euro je Kind und Jahr. Dabei wird der Zuschuss für das selbstgenutzte Eigenheim gewährt und zwar unabhängig davon, ob es sich um den Kauf eines Neubaus oder einer Bestandswohnung handelt. Hinzu kommt: Die Immobilienbranche boomt, die Menschen suchen händeringend nach einem Haus, einer Immobilie oder Wohnung, denn sie wollen in ihre eigenen vier Traum-Wände investieren. Obwohl die Preise explodieren, herrscht eine große Nachfrage. Oft wird der Kauf der Immobilie auch als Anlageobjekt verstanden. Das Eigenheim gilt als wichtiger Teil der Altersvorsorge. Zudem gibt es (relativ) „billiges“ Baugeld. Des Weiteren soll eventuell die Grunderwerbsteuer reformiert werden. Der Grund: Diese Steuer, die auf den Kaufpreis der Immobilie inklusive Grundstück laut notariellem Kaufvertrag erhoben wird, belastet den Neubau. Das wird von der Politik abgelehnt und darum unternimmt sie einiges, um den Menschen den Hauskauf zu erleichtern. All dies bedeutet für Sie als Hausverkäufer:

Es gibt günstige Bedingungen wie selten, Ihren Vertriebstrichter mit Interessenten zu füllen. Allerdings nur, wenn Sie klüger, schneller und ehrlicher sind als der Wettbewerb!

Ehrlich deswegen, weil viele unseriöse Hausverkäufer die für Sie günstige Situation ausnutzen und mit Tricks arbeiten. Im Januar 2018 heißt es in einer "Der Spiegel"-Titelstory (Heft 6/2018), dass „windige Verkäufer“ derzeit „leichtes Spiel“ hätten. Das bedeutet aber auch: Wer sich jetzt glaubwürdig als Topexperte für die Wünsche der Hauskäufer, als hoch kompetenter Entscheidungshelfer und vertrauenswürdiger Berater etabliert, treibt seine Neukundengewinnung rasant voran. Aber natürlich genügt Ehrlichkeit allein nicht. Um bei der Neukundenakquisition immer mit einer gut gefüllten Vertriebs-Pipeline arbeiten zu können, sollten Sie drei Voraussetzungen erfüllen:

- **Voraussetzung 1:** Sie wissen genau, welche Wunschzielgruppen Sie mit Ihrem punktgenauen Angebot ansprechen wollen und ansprechen können. Natürlich ist es unsinnig, den internetbegeisterten Hausinteressenten, der auf der Suche nach dem internetfähigen Smarthome inklusive vernetzter Haushaltsgeräte ist, mit einem traditionellen Backsteinhaus locken zu wollen. Oder die bodenständige Familie und den hemdsärmeligen Familienvater mit einem Luxusobjekt. Es ist wichtig, dass Sie über eine Strategie verfügen, mit der Sie Ihre Wunschinteressenten und Wunschkunden exakt definieren, denen Sie dann genau das bieten, was sie suchen.

- **Voraussetzung 2:** Sie haben eine Lösung für das eigentliche Engpassproblem Ihrer Interessenten und Kunden: Und das ist mehr und mehr das Grundstück! Es gibt zu wenig davon, es gibt zu wenig erschlossenes Bauland, es gibt immer weniger erschwingliches, bezahlbares Bauland, insbesondere für das „normale“ oder gar „kleine“ Portemonnaie. Der Staat trägt (noch) dazu bei: Er besteuert nämlich unbebautes Land derzeit immer noch niedriger als Bauland – und das öffnet Spekulanten Tür und Tor. Der Staat arbeitet an einer Lösung, aber als Hausverkäufer können Sie auch selbst tätig werden und Interessenten helfen, ein Grundstück zu finden. Und wer seiner Klientel mithilfe eines professionellen Grundstücksmanagements zum erstrebten Grundstück verhelfen kann, darf sich bei der Neukundengewinnung über ein absolutes Alleinstellungsmerkmal und eine Vertriebs-Pipeline freuen, die eine enorme Sogwirkung auf Interessenten ausübt.

- **Voraussetzung 3:** Auch oder gerade weil es so viele Interessenten auf dem Markt gibt – diese sind heftig umworben, Ihre Wettbewerber schlafen nicht. Darum sind intelligente kreative und innovative Strategien, Techniken und Methoden gefragt, mit denen Sie Ihre Wunschzielgruppen dort abholen, wo sie stehen.

Überraschen und überzeugen Sie sie! Entscheidend hierfür ist, dass Sie dabei nicht allein der „realen" Welt, sondern verstärkt auch der virtuellen Onlinewelt Beachtung schenken sollten. Die Interessenten müssen zwar in der Regel irgendwann raus an die frische Luft, um das Grundstück oder die Immobilie zu begutachten. Zuvor jedoch läuft, wie heutzutage üblich, vieles im Internet ab.

Und damit haben wir den Rahmen und den Dreischritt für dieses Buch und seine drei Hauptkapitel abgesteckt:

- Strategie und Zielgruppen festlegen
- Grundstücksmanagement etablieren
- intelligente Akquisitionsstrategien umsetzen.

Dieses Taschenbuch richtet sich an alle Firmen der Bauwirtschaft, die sich an Selbstentscheider (also nicht institutionelle Anleger oder Fonds etc.) richten. Dabei ist es egal, ob Sie Einfamilienhäuser, Geschosswohnungen oder Eigentumswohnungen verkaufen. Der Einfachheit halber sprechen wir im Buch stellvertretend nur vom Haus(ver)kauf – genau so, wie die männliche

Sprachform gewählt wird, da sich dies leichter liest. Mitgemeint und immer herzlich mitgedacht sind aber selbstverständlich auch alle Unternehmerinnen, Vertrieblerinnen und Mitarbeiterinnen im Profi-Hausverkauf – und auch alle Interessentinnen und Kundinnen, denn „die Vertriebs-Pipeline" ist weiblich...

Praxis-Beispiel

Reflexions-Übung

Material zum Download

Merksatz

Stimme aus der Branche

Alle Zusatzmaterialien und wichtigen Checklisten aus diesem-Booklet stelle ich für Sie als Leserinnen und Leser zum kostenlosen Download zur Verfügung unter **www.punktlandung-im-hausverkauf.de.**

Ich biete Ihnen in diesem Booklet wieder interessante Praxis-Beispiele und Auszüge spannender Interviews, die ich mit Top-Verkäuferinnen und -Verkäufern der Branche geführt habe, sowie Checklisten und Downloads, die Sie direkt im Business einsetzen können, um mehr Neukunden zu adressieren und zu binden, mehr Reichweite zu erzielen, mehr Umsatz zu machen und höhere Marge zu erzielen. Diese Elemente und Materialien sind mit entsprechenden Icons und zusätzlich einem QR-Code und einem Link gekennzeichnet, damit Sie das auch erhalten und nutzen können! Schauen Sie also immer nach den Icons!

Viel Spaß beim Lesen und Umsetzen,

Ihr Ralph Guttenberger

r.guttenberger@kaltenbach-training.de

1

So finden Sie Ihre Wunschinteressenten: Mit der Punktlandungs-Strategie die richtigen Kunden anziehen

Zwei kurze Anmerkungen zu Beginn dieses Kapitels:

1. Schon in meinem Taschenbuch „Punktlandung im Hausverkauf. Tipps und Strategien für den Profi-Hausverkäufer“ haben wir eine wichtige begriffliche Unterscheidung herausgearbeitet: Für den Hausverkäufer heißt der Gesprächspartner bis zur Auftragserteilung „Interessent“; danach, also mit der Auftragserteilung, wird er für ihn zum eigentlichen Kunden. Darum ist im Folgenden immer dann ausdrücklich vom „Interessenten“ die Rede, wenn betont werden soll, dass die Auftragserteilung noch bevorsteht.

2. Das erwähnte Taschenbuch „Punktlandung im Hausverkauf“ steigt mit dem telefonischen Erstkontakt ein und gibt allen Profi-Hausverkäufern eine erprobte Strategie und einen wirksamen Plan an die Hand, Interessenten ab dem telefonischen Erstkontakt ruhig, effektiv, beratend und proaktiv zum Kaufabschluss zu führen. In diesem Erstkontakt-Telefonat entscheiden Sie üb-

licherweise, ob sich der Interessent wirklich zu einem Kunden entwickeln lässt. Dann vereinbaren Sie einen Ersttermin und ein persönliches Gespräch mit ihm. In diesem hier vorliegenden Taschenbuch „So füllen Sie Ihre Vertriebs-Pipeline“ geht es um all das, was im Vorhinein notwendig ist. Denn irgendwie muss der Interessent, mit dem Sie telefonieren, ja zuvor auf Sie und Ihr Angebot gestoßen sein. Oder Sie auf ihn. Es muss Ihnen gelungen sein, seine Aufmerksamkeit zu erregen. Es gibt also einen Anlass für das Telefonat. Wie es zu diesem Anlass kommt, wie Sie ihn aktiv herbeiführen – darum geht es in diesem Booklet!

”

„Der heutige Kunde merkt, wenn er manipuliert werden soll durch irgendwelche, wie soll ich sagen ... ´unlautere´ Techniken, Verkäufertricks, psychologische Dinge. Als Wunscherfüller oder Traumerfüller – das entspricht auch dem Selbstverständnis des Spitzenverkäufers – rücken in der heutigen Zeit dagegen die Bedarfsanalyse, Menschlichkeit und echtes Interesse am Kunden in den Vordergrund.“

Thimo Wößner, Spitzenverkäufer, Bauidee Wohlfühlhäuser GmbH

1.1 Auf der Suche nach der relevanten Zielgruppe

„Auch eine Reise von tausend Meilen beginnt mit dem ersten Schritt.“ Das sagte der chinesische Philosoph Lao-Tse, der im sechsten Jahrhundert vor Christus gelebt haben soll. Und auch Ihre Reise zum Kunden, der die Unterschrift unter den Kaufvertrag setzt, beginnt mit einem ersten Schritt, und zwar mit dem der Zielgruppendefinition und der Qualifizierung der Interessenten. Sie wollen Ihre Vertriebs-Pipeline ja nicht mit „irgendwelchen“ beliebigen Kontakten und Leads füllen, sondern am liebsten ausschließlich oder wenigstens weit überwiegend mit Adressen und Kontaktdaten derjenigen Menschen und Kundengruppen, welche Ihre Angebote und Ihr Leistungsportfolio mit einiger Wahrscheinlichkeit als besonders nützlich, wertvoll und kaufwürdig einstufen würden resp. werden. Und die sich Ihre Leistungen auch (voraussichtlich) leisten können und wollen. Denn ansonsten droht die Enttäuschung - und zwar auf beiden Seiten: Wenn der Interessent oder Sie erst im Laufe des Akquisitionsprozesses feststellen, dass die Vorstellungen des Interessenten und Ihr Angebot nicht kompatibel sind, ist beiden Seiten nicht geholfen. Der Interessent wäre dann bei Ihren Konkurrenten besser aufgehoben.

Wenn Sie eine Sache gut machen wollen, können Sie diese nicht für jeden machen.

!

Es würde Sie allzu viel Energie, Kraft und Anpassungsfähigkeit kosten, wenn Sie (auch jene) Interessenten für sich begeistern wollten, die Erwartungen, Wünsche und Vorstellungen haben, die mit Ihrem Angebot so gar nicht zusammenpassen wollen. Es ist kontraproduktiv, Ihren Vertriebs-Trichter – und das ist vollkommen wertneutral gemeint – mit Interessenten zu füllen, die statusbewusst und auf der Suche nach einem repräsentativen Domizil sind, wenn sich Ihr Angebot vor allem oder sogar ausschließlich an Interessenten richtet, die ein gemütliches Haus wünschen, in dem sie sich so richtig und rundum wohlfühlen können. Gemeint sind Kunden mit sehr unterschiedlichen Persönlichkeitstypologien, wie sie beispielsweise die Systematik des Persönlichkeitsdiagnostik-Tools Insights MDI® beschreibt – mehr dazu in Kapitel 3.1 und ausführlich in meinem Taschenbuch „Punktlandung im Hausverkauf“.

Und darum ist es so wichtig, dass Sie

- Ihre Wunschzielgruppen definieren,
- Interessenten- und Kundenprofile erstellen,
- prüfen, wo sich Ihre potenziellen Hauskäufer aufhalten,
- überlegen, was diese anspricht, und dann
- ein Priorisierungsverfahren durchführen
- Maßnahmen zur Pipelinesteuerung ergreifen.

!

Bevor Sie eine Akquisitionsstrategie entwickeln, sollten Sie wissen, welche Interessentengruppen wirklich zu Ihnen, den von Ihnen angebotenen Haustypen und -ausfertigungen und Ihrem Unternehmen sowie Ihrer Unternehmenskultur passen. Und diese Analyse sollten Sie konsequent aus Kundensicht angehen – denn alles andere ist Augenwischerei und Aktionismus!

Die entscheidende Frage zu Ihrer Zielgruppe lautet mithin:

- Welcher Teil aus der „Grundeinheit (resp. ´Masse´) aller Bauinteressenten" zieht aus Ihren Stärken den größten oder zumindest einen großen Nutzen? Welche Merkmale und Eigenschaften haben diese Menschen? Wie sieht ihre „Persona" aus oder – wie es heute im Marketing heißt – mit welchem „Avatar" (dazu gleich mehr) können Sie sie beschreiben? Und: Wo halten sich diese Bauinteressenten auf?

Wenn Sie das wissen, können Sie:

1. Strategien entwickeln, mit denen Sie diese Bauinteressenten auf sich aufmerksam machen, sodass sie von sich aus auf Sie zukommen. Dass sie Sie kontaktieren, dass sie Sie anrufen.
2. erfahren, wo und wie Sie mit Ihren Angeboten präsent sein sollten. Ein überspitztes Beispiel: Wenn Sie sich mit Ihrem Angebot an Interessenten wenden wollen, die jung und dynamisch sind und über einen relativ hohen Bildungsgrad verfügen, ist es wahrscheinlich sinnlos, (ausschließlich) mit dem guten alten Prospekt oder einer Annonce im lokalen Anzeigenblatt Aufmerksamkeit erregen zu wollen. Das heißt nicht, dass ein Prospekt an sich völlig unsinnig ist. Aber Sie sollten prüfen, ob nicht eine Onlinepräsenz mit YouTube-Channel oder ein Instagram-Account für Sie eher von Nutzen ist, weil die Wahrscheinlichkeit groß ist, dass Ihre Wunschinteressenten sich online über Hausangebote und attraktive Häuser mit schönen Bildern informieren werden – und weniger mithilfe des klassischen Prospekts.

Darum ist es klug, wenn Sie die Merkmale und Eigenschaften der Menschen beschreiben, für die Ihr Angebot von Interesse sein könnte. Mit anderen Worten: Es steht klassische Strategiearbeit an, an deren Ende Sie konkreten Aufschluss über Wunschinteressenten gewonnen haben.

„Fleiß, Fleiß, Fleiß ist eine Kernkompetenz von Spitzenverkäufern. Mit Talent kann man sicherlich viel retten, aber der Fleißige schlägt am Ende immer den nur Talentierten. Neben dem Fleiß

zeichnet Spitzenverkäufer aus, dass sie offen für Neues sind, neue Ideen und Vertriebswege aufgreifen.

Gerade im Hausverkauf hat man leider ja auch schon mal Vertriebler, die das schon viele Jahre machen und etabliert sind, die in der Vergangenheit durchaus erfolgreich waren, nun aber an ihren gelebten Vertriebspraktiken festhalten wollen.

Meine Erfahrung ist, dass wenn Leute nicht offen sind für neue Wege und Ansätze, werden sie wahrscheinlich auch Erfolg haben, aber mindestens das Doppelte an Zeit dafür brauchen, wenn sie es denn überhaupt schaffen."

Tim Klamann, Vertriebsleiter Krynos Bauen und Leben

1.2 Kreieren Sie Ihren Kunden-Avatar

Die Unübersichtlichkeit des Marktes und die Komplexität des Produktes „Haus" überfordern zunächst einmal fast alle künftigen Bauherren und -frauen. Und das führt zu der erhöhten Verantwortung des professionellen Hausverkäufers, stets die Motive und Möglichkeiten des Kunden in den Mittelpunkt seines Denkens und Handelns zu stellen. Die Eine-Million-Euro-Frage lautet demnach: „Wer ist unser idealer Kunde?", oder auch: „Wer ist unser idealer Interessent?". Das Strategie-Tableau in Abbildung 3 auf der nächsten Doppelseite dient der punktgenauen Beantwortung dieser Frage.

Der vielleicht wichtigste Begriff in dem Strategie-Tableau ist der des „Interessenten-/Kunden-Avatars". Was ist damit gemeint? Es handelt sich um die konkrete Beschreibung Ihres perfekten und idealen Interessenten bzw. Kunden. Wir wollen im Folgenden auch vom Lieblingskunden oder Lieblingsinteressenten sprechen.

Stellen Sie sich vor, dass Sie über einen 3-D-Drucker verfügten, mit dem Sie sich Ihren perfekten Interessenten und Kunden als „Avatar", als prototypischen Stellvertreter, ausdrucken könnten. Natürlich sollten Sie vorher genau wissen, wie es um dieses Ideal bestellt sein soll, denn der 3-D-Drucker muss mit konkreten Angaben gefüttert werden. Um das im Detail herauszufinden, nutzen Sie das Strategie-Tableau. So schaffen Sie die optimalen Voraussetzungen für Ihre zielgerichtete Akquisition und Ihr punktgenaues Marketing. Sobald Sie Ihren Avatar deutlich vor Ihrem inneren Auge stehen haben, kann die richtige Ansprache Ihrer relevanten Zielgruppen erfolgen.

Checkliste 1: Vorteile eines Wunschinteressenten, Lieblingskunden und Avatars

- Sie können punktgenau auf den Avatar zugeschnittene Projektvorschläge entwickeln, denn der Avatar ist der Stellvertreter, das prototypische Modell Ihres idealen Kunden.
- Sie gelangen zu mehr qualifizierten Interessenten.
- Sie finden Interessenten, die sich mit einiger Wahrscheinlichkeit rascher/eher/leichter überzeugen lassen, weil eine grundsätzliche Kompatibilität zwischen Projekt und Nachfrage vorliegt.
- Interessenten, die dem Avatar entsprechen, also „einfache" Kunden, sind später aller Erfahrung nach glückliche Kunden, da Produkte und Prozesse genau auf sie passen. Zudem sind diese Kunden, die Sie im Anschluss vermehrt (unter ihresgleichen) weiterempfehlen.

Strategie-

5. Vision	1. Werte
Unser Unternehmen ist in 5 Jahren Anlaufstelle für:	*Welche Werte wollen wir nach außen vermitteln?*

3. Kunden-Nutzen	7. Sales Pitch
Emotionale Kaufgründe:	*In 30 Sekunden auf den Punkt gebracht:*
	Der bin ich
Rationale Kaufgründe:	*Das tue ich*
	Das hast du davon

2. Stärken	6. 3 x3 Fragen
Unsere Stärken gegenüber unserem Kunden:	*Vor dem Auftrag:*
... und gegenüber anderen Unternehmen	*Nach dem Auftrag:*
	Beim Networking:

Abb. 3: Strategie-Tableau
Quelle: eigene Entwicklung

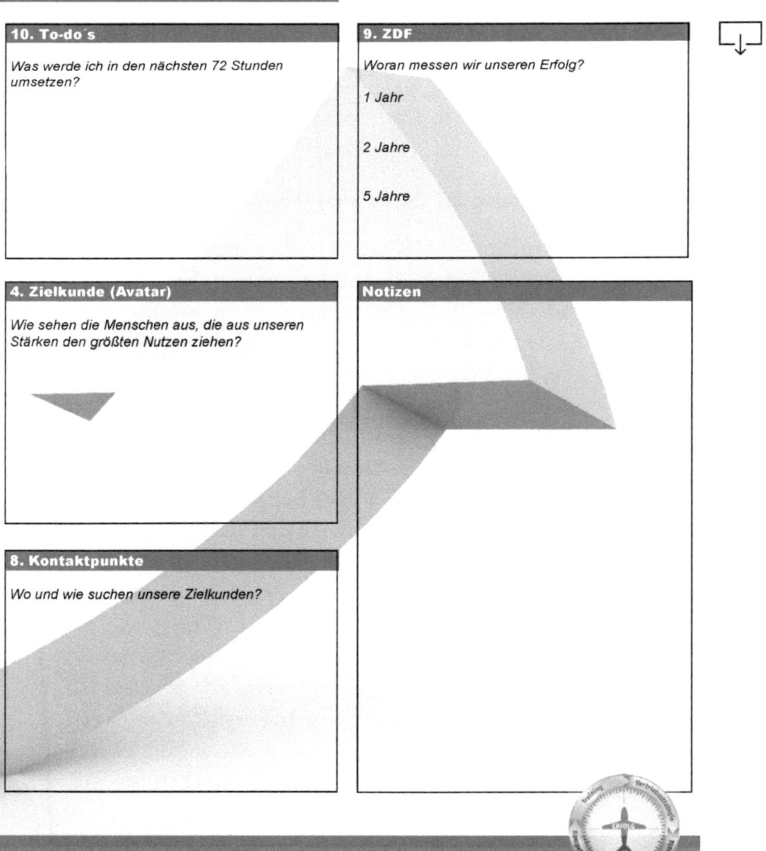
Tableau
10. To-do´s
Was werde ich in den nächsten 72 Stunden umsetzen?
9. ZDF
Woran messen wir unseren Erfolg?
1 Jahr
2 Jahre
5 Jahre
4. Zielkunde (Avatar)
Wie sehen die Menschen aus, die aus unseren Stärken den größten Nutzen ziehen?
Notizen
8. Kontaktpunkte
Wo und wie suchen unsere Zielkunden?
ERFOLG

Der Avatar ermöglicht optimale Push-Akquisition (push = drücken). Das bedeutet: Sie finden Ihren Idealinteressenten relativ leicht, weil Sie eine sehr konkrete Vorstellung von ihm haben. Außerdem ermöglicht er optimale Pull-Akquisition (pull = ziehen). Das bedeutet: Der Interessent seinerseits findet Sie relativ leicht.

1.3 Mit dem Strategie-Tableau zum Wunschinteressenten

Ihr Kunden-Avatar steht in einem Zusammenhang mit Ihrer grundsätzlichen Positionierung und strategischen Ausrichtung. Darum sollten bei Ihren strategischen Überlegungen die Aspekte des Strategie-Tableaus im Mittelpunkt stehen, die wir anhand eines Beispiels veranschaulichen wollen.

Welche Werte wollen Sie vermitteln?

Natürlich wollen Sie in erster Linie ein Haus resp. entsprechendes Projekt verkaufen. Zugleich aber wollen Sie „für etwas stehen", Werte nach außen transportieren und vermitteln – das ist kurz gesagt der Kern der Unternehmensmarke (und auch Ihrer Persönlichkeitsmarke als Mensch, als Vertriebsprofi, nebenbei gesagt). Sie entwickeln eine Identität als Unternehmen, das Häuser verkauft, und als Menschen, die ihre Expertise nutzen, um anderen Menschen zu ihrem Traumhaus zu verhelfen. Die Festlegung der Ihnen wichtigen Werte hat zugleich den Zweck, dass Interessenten und Kunden genau einschätzen können, wofür Sie stehen. Hauskäufer wollen vertrauen können, sie wollen sich dem Hausverkäufer anvertrauen – darum wollen (und müssen) sie wissen, auf welche klassischen ethischen Werte, auf welche Verhaltensweisen, auf welche Herangehensweisen sie sich bei Ihnen verlassen können; wie Ihr Unternehmen tickt und wie Sie „ticken". Wenn es eine Übereinstimmung dieser Werte zwischen Ihnen und den potenziellen Kunden, wenn es eine Werte-Kompatibilität gibt, verfügen Sie über einen gewaltigen Pluspunkt.

Häufig genannte Werte in diesem Zusammenhang sind zum Beispiel Respekt, Vertrauen, Fleiß, Ehrgeiz, Gerechtigkeit, Einsatzbereitschaft, Toleranz und Ehrlichkeit. Aber auch Werte wie Qualität, Nachhaltigkeit, Individualität und Beständigkeit spielen eine Rolle. Wenn Sie die für Sie verbindlichen Werte festlegen wollen, besteht eine Alternative darin, (auch) eine Un-Werte-Liste zu erstellen, also Werte zu notieren, die Sie auf keinen Fall repräsentieren möchten. Das kann ein wichtiger Schritt auf dem Weg zu Ihrer Werte-Liste sein.

Service: Wir – das Team von Kaltenbach Training – bieten Unternehmen der Bauwirtschaft und Profi-Hausverkäufern an, das Strategie-Tableau in einem Strategie-Workshop mit Leben zu füllen, also mit Ihren Werten, Stärken, Nutzen und Ihrer Vision. Sie können jetzt hier, mithilfe dieses Taschenbuches, erste Überlegungen zu den Punkten des Strategie-Tableaus anstellen. Oder Sie kontaktieren uns unverbindlich, falls Sie gerne in einem umfassenden Workshop unterstützt werden möchten:
Tel.: 03491 79395-0

Über welche Stärken verfügen Sie?
Stärken zeichnen Sie, Ihr Unternehmen, Ihre Leistungen als einzigartig, als besonders im Vergleich zum Wettbewerb aus. Sie sind Unterscheidungsmerkmale (für die auch verschiedene andere Begriffe genutzt werden wie etwa Kernkompetenzen oder USPs [Unique Selling Propositions]), die das ausspielen, was Sie wirklich besonders gut können, was Ihnen resp. Ihrem Unternehmen besonders leicht fällt, was Sie besser machen als andere Marktteilnehmer, was Ihnen also „leicht" einen Wettbewerbsvorteil ermöglichen kann.

Was Ihre echten Stärken sind, hat also auch eine marktstrategische Bedeutung. Die Beantwortung dieser strategischen Frage umfasst zwei Aspekte:

1. Mit welchen Stärken können Sie gegenüber Ihren Interessenten und Kunden punkten?

2. Und weil eine Stärke immer eine relative Angelegenheit ist: Welche Stärken weisen Sie im Vergleich zu Ihren Konkurrenten auf?

Besondere Stärken sind diejenigen, die

- ein kundenrelevantes Merkmal betreffen,
- vom Markt und von Interessenten und Kunden auch tatsächlich wahrgenommen werden können und
- von der Konkurrenz nicht sehr rasch und leicht kopier- oder nachahmbar sind.

Um es anschaulich zu machen: In einem unserer Strategie-Workshops haben wir für einen Hausanbieter folgende Stärken analysiert

- Es handelt sich um ein Familienunternehmen mit all den damit einhergehenden Stärken und Vorteilen wie Leistungsstolz, großes Engagement aller Beteiligten, Zusammenhalt in der Firma.
- Eine Stärke liegt in der unternehmerischen Tradition: Mit der absehbaren, geplanten Übernahme durch die 3. Familiengeneration sind für die Kunden Zuverlässigkeit und Planungssicherheit für die Zukunft (im Gegensatz zu Unternehmen, die vielleicht attraktive Preise bieten, aber womöglich nur relativ kurz am Markt sind) gesetzt.
- Das Unternehmen hält, was es verspricht. Zuverlässigkeit ist eine der Stärken, die sowohl Mitarbeiter als auch Kunden als besondere Stärke in der Befragung hervorhoben.

- Eine weitere Stärke liegt in der individuellen Planung mit dem Ergebnis, kundenbezogene Lösungskonzepte zu entwickeln.
- Das Unternehmen legt Wert auf ökologische Aspekte und Nachhaltigkeit. Diese Kernkompetenz hat es bereits über Jahre weiterentwickelt und viel Erfahrung gewonnen – eine Stärke, die es von anderen Marktteilnehmern im Umfeld der gesamten Region positiv unterscheidet.

Hinzu kommen eine starke Mitarbeiterbindung (das verstärkt den Wert „Zuverlässigkeit"), eine hohe Reputation und Anerkennung am Markt, ein positives Image als starke und etablierte Marke, finanzielle Stärke sowie überzeugende Referenzen, mit denen sich Überzeugungsarbeit leisten lässt.

”

„Aus meiner Sicht gibt es im Bereich des Hausverkaufes nichts, was man nicht lernen kann. Ich denke, ganz wichtig ist es, das Rad nicht neu erfinden zu wollen, sondern bestehende Konzepte optimal zu nutzen. Es gibt tolle Ausbildungen. Besuchen Sie Seminare. Bilden sie sich weiter. Aber noch viel wichtiger ist das (Weiter)Entwickeln der eigenen Persönlichkeit.
Lernen Sie und seien Sie offen, zu kommunizieren und Beziehungen herzustellen, weil Menschen letztendlich kein Produkt kaufen.
Die kommen nicht wegen des Hauses aus Stein, mit Fenstern und einem Dach. Sie kaufen eine Lösung, und zwar bei Menschen, denen Sie vertrauen."

Mandy Pohl, Spitzenverkäuferin, Town & Country

Der Nutzen, den Sie zu bieten haben: rationale und emotionale Kaufgründe

Es ist klar, dass die Werte und Stärken in einem unmittelbaren Zusammenhang mit dem Kundennutzen stehen, der sich in rationalen und emotionalen Kaufgründen niederschlägt.

Dazu muss man wissen, dass Kaufentscheidungen im Wesentlichen emotional getroffen und rational unterfüttert werden. Heißt zugespitzt: Die Interessenten kaufen den emotionalen Nutzen, den emotionalen Vorteil und das gute Gefühl. Die rationalen Nutzenaspekte, die rationalen Argumente, die „Zahlen für´s Hirn", benötigen sie jedoch (auch), um ihre getroffene emotionale Kaufentscheidung zu begründen – vor sich selbst, aber auch vor den Menschen ihres Umfeldes. Konkretes Beispiel: Der Kunde kauft, nachdem er sich mehrere Angebote eingeholt hat, bei dem Verkäufer, der ihm besonders sympathisch ist. „Offiziell"-rational allerdings begründet er seinen Kauf durch das gute Preis-Leistungs-Verhältnis. Der Kunde argumentiert im Freundeskreis darum nicht wahrheitsgemäß: „Wir haben uns für das Haus entschieden, weil wir den Verkäufer für besonders nett und vertrauenswürdig halten. Da haben wir einfach ein gutes Gefühl", sondern: „Das gute Preis-Leistungs-Verhältnis war für uns ausschlaggebend."

Die Abbildung 4 auf der folgenden Seite zeigt beispielhaft das Ergebnis des oben erwähnten Strategie-Workshops.

Kundennutzen und Kaufgründe	
Rationale Kaufgründe, Argumente (zur Begründung der Kaufentscheidung)	Emotionale Kaufgründe, Gefühle (wirkliche Kauf-Motivatoren)
➢ Anbieter bietet Topqualität/Servicequalität	➢ garantiert uns Sicherheit/ Zukunftssicherheit
➢ Anbieter ist etabliertes Familienunternehmen	➢ Vertrauenswürdigkeit
➢ ermöglichen individuelle Planung	➢ ermöglicht uns Selbstverwirklichung
➢ gutes Preis-Leistungs-Verhältnis	➢ Einsparung
➢ Betreuung durch Experten	➢ Person des Hausverkäufers: Beziehungs-Chemie stimmt, bietet Beratung auf Augenhöhe
➢ transparente Prozesse	➢ Klarheit, Sicherheit, Vertrauen

Abb. 4: Kaufgründe analysieren – Ergebnis eines Guttenberger-Strategie-Workshops mit einem Hausanbieter
Quelle: eigene Aufstellung

Ihr Zielinteressent/-kunde (Interessenten-/Kunden-Avatar)

Jetzt geht es um die entscheidende Frage: Wie sehen die Menschen aus, die aus Ihren Stärken den größten Nutzen ziehen können? In Anlehnung an Ihre Werte, Ihre Stärken und Ihren Kundennutzen formt sich – wie bei einem 3-D-Drucker – immer plastischer und anschaulicher Ihr Lieblingsinteressent und

-kunde aus. Wir machen im Strategie-Workshop an dieser Stelle oft die Erfahrung, dass die Verantwortlichen des Hausanbieters so etwas wie ein Aha-Erlebnis haben: Weil die Zielgruppendefinition und die Qualifizierung der Kunden in einen strategischen Gesamtzusammenhang gestellt werden, kristallisiert sich erstmals die Zielgruppe sehr klar heraus. Meist stimmt der Avatar dann übrigens tatsächlich mit einem Kunden überein, an den alle im Unternehmen gerne zurückdenken.

In dem angesprochenen Workshop konnte die Zielgruppe wie folgt definiert werden:

Zielgruppe/Avatar

- hohe Bonität vorhanden
- ausgeprägtes Wertebewusstsein
- ökologische Sichtweise ist ihm wichtig
- höherer Bildungsgrad
- haben berufliche Führungsverantwortung
- gesundheitsbewusste Lebensweise
- außerhalb des Berufslebens gesellschaftlich engagiert
- 30 bis 50 Jahre alt
- hohe Erwartungen an Beratungskompetenz des Hausanbieters
- arbeiten hart, um ihren im Leben erlangten Status zu halten
- verfügen über wenig Zeit, sich um Hausbau zu kümmern und können/wollen daher wenig Eigenleistung erbringen
- unternehmen individuell geplante Urlaubsreisen
- fahren statusbetonende Autos
- tragen hochwertige Freizeitkleidung

Abb. 5: Konkretes Praxisbeispiel: Beschreibung eines Avatars
Quelle: eigene Zusammenstellung aus einem Workshop

Das Strategie-Tableau dient in unseren Workshops weiteren Zwecken. So rücken zum Beispiel auch Gedanken zur Vision in den Fokus: Wo will das Unternehmen in einigen Jahren stehen? Und wir fragen uns, wie sich überprüfen lässt, ob die angestrebten Ziele verwirklicht werden konnten, und legen die nächsten Umsetzungsschritte fest.

Für das Ziel, in diesem Taschenbuch die Interessenten so konkret wie möglich zu beschreiben, um zu prüfen, wo diese sich aufhalten und wie Sie sie am besten ansprechen und kontaktieren, sind aber nur noch die folgenden Punkte des Strategie-Tableaus wichtig:

Sales Pitch entwerfen

Die bisherigen strategischen Überlegungen verdichten Sie in einem kurzen, aber inhaltsreichen Statement. Kurz und bündig bringen Sie in wenigen Sätzen auf den Punkt, wer Sie sind oder wer Ihr Unternehmen ist, was Sie leisten können und was Sie den Wunschinteressenten und Lieblingskunden zu bieten haben:

- Wer bin ich?
- Was tue ich?
- Was hat mein Kunde davon?

Dazu ein pointierteres Beispiel: „Ich heiße Annette Müller. Ich bin Expertin für ökologisches, energieeffizientes Wohnen. Ich bringe umweltbewusste Menschen entspannt in ihre eigenen, gesunden vier Wände.“

Kommt Ihnen diese Kurzvorstellung außergewöhnlich und merkwürdig vor? Dann ist sie genau richtig, denn Sie sind dann für Ihre Zielgruppe „würdig", sich Ihre Person zu „merken".

Reflexionsübung: Werden Sie konkret: Erarbeiten Sie jetzt für sich und Ihr Unternehmen eine solche Kurzvorstellung: Ihren persönlichen Sales Pitch.

!

Die Kurzvorstellung muss Ihre gewünschte Kundenzielgruppe, also Ihren Avatar, ansprechen und den Wunschkunden zu einer Reaktion wie die folgende bewegen: „Das ist aber interessant, Frau/Herr Müller. Erzählen Sie mir doch mehr davon."

Wie und wo suchen die Interessenten nach einem Unternehmen, das ihren Hauswunsch erfüllt?

Ist die Zielgruppe erst einmal festgelegt und möglichst anschaulich als Avatar beschrieben, sprudeln im Strategie-Workshop die Ideen, an welchen Kontaktpunkten sich die Zielgruppe mit hoher Wahrscheinlichkeit tummelt… und – genau so wichtig – wo dieser Avatar nicht zu finden ist, wofür man also kein Werbegeld resp. keine Ressourcen aufwenden muss. Die Verantwortlichen – Sie im Vertrieb – können konkreter einschätzen, wo sich ihre Lieblingsinteressenten aufhalten. Und das heißt: Hier muss das Unternehmen präsent sein und Flagge zeigen und das auf die Erwartungen der Interessenten abgestimmte Angebot präsentieren.

! **Die bisherigen Überlegungen geben Antwort darauf, ob Ihre Zielgruppe beispielsweise eher ProSieben oder n-tv sieht, eher die Wochenendausgabe ihres regionalen kostenlosen Anzeigenblattes oder das FAZ-Mag am Wochenende liest, eher coole Lifestyle-Blogs oder knallharte Preisvergleichsplattformen im Internet auf Tipps durchkämmt, eher die Bandenwerbung am Fußballplatz oder die top gestaltete Webseite sowie den designstarken Instagram-Auftritt wahrnimmt.**

Im Strategie-Workshop heißt es dann beispielsweise:

- „Natürlich, unsere Interessenten suchen vor allem online und im Internet einen Partner, mit dem sie ihren Traum von den eigenen vier Wänden verwirklichen können!“

- „Unser Interessentenavatar sucht seine Eigentumswohnung vor allem im Immobilienteil der Zeitungen. Lasst uns eine interessentenbezogene Anzeige entwerfen und überlegen, in welchen Medien wir damit vertreten sein wollen.“

- „Wir merken jetzt, dass wir bisher deutlich an unserer eigentlichen attraktiven Zielgruppe vorbei akquiriert haben, weil wir es gemacht haben, wie es „früher normal war“! Ab sofort füllen wir unseren Akquisitionstrichter im oberen Bereich durch eine konsequente Internetpräsenz und Online-Marketing.“

- „Jetzt kennen wir unsere Zielgruppen viel besser. Lasst uns überlegen, was wir diesen Zielgruppen Besonderes anbieten können und wie wir das am besten kommunizieren.“

- „Für uns ist es einfach – und dann auch wieder nicht, denn wir bedienen mit adaptiven, modernen „Baukasten-Häusern“ in großer Price-Range eine breite Zielgruppe, die wir also auch in vielen verschiedenen Biotopen und vielen verschiedenen Kanälen ansprechen müssen: Lasst uns zukünftig nicht mehr alle Bauwilligen ansprechen. Wir konzentrieren uns spitz auf einen Teil der bisherigen Zielgruppe, mit der wir ohnehin schon immer die besten Erfolge verzeichnen. Präsent müssen wir dann online sein, vor allem in der virtuellen Welt, im Internet, nicht mehr in den Tageszeitungen. Wir präsentieren uns künftig auf allen relevanten Online-Plattformen im Immobilienbereich, kommunizieren auf Social Media und werden offensive Pressekampagnen angehen. Das Ganze flankieren wir durch Reputationsmanagement und Empfehlungsmarketing.“

Sie sehen: Die Arbeit mit dem Strategie-Tableau fördert auch zutage, ob Sie sich resp. Ihre Firma eher als Generalist oder eher als Spezialist positionieren sollten. Denn jetzt können Sie beurteilen, was dafür oder dagegen spricht, nur bestimmte, eng umrissene Zielgruppen zu kontaktieren oder ein breiteres Zielgruppensegment anzusprechen.

Fazit: Wer seine Vertriebs-Pipeline dauerhaft und nachhaltig füllen will, benötigt ein durchdachtes Akquisitionskonzept, das in die Gesamtstrategie eingebettet ist. Entscheidender Aspekt: Sie wissen, welche Zielinteressenten und Zielkunden Sie ansprechen wollen und mit Ihren Angeboten auch ansprechen können. Nun können Sie Ihren Avatar (Lieblings-, Wunschinteressenten) kreieren. Sobald Sie Ihre

Zielgruppen punktgenau kennen, prüfen Sie, wo sich die Wunschinteressenten aufhalten (wo diese „ihr" Wunschhaus suchen) und was diese anspricht. Hier müssen und werden Sie sich darstellen und präsent sein, um für Ihre Zielgruppen sichtbar zu werden.

Für alle Hausanbieter und Baufirmen – und bestimmt auch für Sie – gilt: Sie brauchen kreative Ideen, wie Sie sich abseits der eingefahrenen Wege zu Interessenten und Kunden neue Möglichkeiten der Akquisition erschließen. Doch bevor wir uns mit diesen innovativen Ideen beschäftigen, müssen wir uns mit einer existenzentscheidenden Herausforderung beschäftigen: Ihre Interessenten und Kunden benötigen zuallererst ein Grundstück!

„Dem Kunden gegenüber ehrlich sein, ist mein persönliches Erfolgsgeheimnis. Das bedeutet für mich, dass ich das Produkt, welches ich anbiete, von ganzem Herzen mag und fest davon überzeugt bin, dass ich jedem, dem ich das verkaufe, wirklich etwas Gutes tue.

Es ist wichtig, was der Interessent selbst denkt und sich vorstellt, und nicht was der Verkäufer denkt und sich vorstellt. Wenn das gegeben ist, hilft er dem Interessenten, bei dem was er braucht und möchte.

Ein Haus bedeutet Sicherheit für die Zukunft. Heute mehr denn je. Ein Haus ist unkaputtbar. Das gibt Sicherheit für die Zukunft. Aus meiner Sicht ist nichts so sicher und beständig wie eine Immobilie, zumal jedes Grundstück auf dieser Welt genau nur einmal existiert und nur einmal exakt so."

Viola Christophel, Spitzenverkäuferin, EVIRA Hausprojekt

2

Der Schatz „am Silbersee“: Bauen kann jeder, aber Lage hat kaum noch jemand

Vielleicht überspitzt die Überschrift ein wenig, aber fest steht: Der Bau- und Wohnungswahn ist eigentlich ein Grundstückswahn. Zum einen sind die Grundstücke knapp, und dann greift die Wahrheit, die Karsten Reimann, Hausverkäufer bei Town & Country, so beschreibt: „Ohne Grundstück kein Hausverkauf“. Der Hausverkäufer betont im persönlichen Gespräch mit mir: „Ein entscheidender Erfolgsfaktor ist, dass ich für meine Kunden Grundstücke vermittle. Mittlerweile nimmt die Grundstücksbeschaffung mehr Zeit ein als die täglichen Verkaufsgespräche. Heutzutage sind der Grundstücksmangel und die erheblich gestiegenen Baukosten große Themen. Zum Grundstücksmangel kommen die steigenden Grundstückspreise. Das trifft zumindest – aber sicher nicht nur! – im Raum Berlin/Brandenburg zu. Außerdem sind die Hauspreise erheblich gestiegen.“

Viele Studien bestätigen dies – und es trifft auch Ihre täglich erlebte Erfahrung: Insbesondere in den Großstädten explodieren die Grundstückspreise auf ein unerträglich unbezahlbares Maß, weil die Nachfrage groß, aber das Angebot knapp ist. Genau so sieht es aber mittlerweile auch in den Speckgürteln rund um die größeren Städte aus – und selbst in Kleinstädten und Regionen, die sich in besonders attraktiver Lage an Flüssen oder Seen, mit hohem Freizeitwert und hervorragenden weichen Faktoren befinden.

In einer Analyse (2017) des Bundesinstituts für Bau-, Stadt- und Raumforschung heißt es: „Entscheidender Engpassfaktor für mehr bezahlbaren Wohnungsneubau ist in vielen Regionen und Städten der Mangel an geeigneten Flächen und fehlendes Baurecht für vorhandene Grundstücke. Dabei geht es sowohl um die quantitative Verfügbarkeit als auch um das vielerorts sehr hohe Preisniveau." Der Autor der Analyse, Matthias Waltersbacher, kommt zu dem Schluss: „Den Bauwilligen fehlt es zumeist nicht an Kapital, sondern an geeigneten Bauflächen."

Aber es gibt eine Antwort auf diese Problematik und die lautet: Grundstücksmanagement!

2.1 Grundstücksservice: Ein MUSS im Hausverkauf

Wenn Sie Ihren Interessenten ein Grundstück anbieten oder sie bei der Suche nach einem geeigneten Grundstück unterstützen können, bauen Sie ein tolles Alleinstellungsmerkmal auf.

!

Um dies leisten zu können, sollten Sie – oder einer Ihrer Mitarbeiter – sich zum absoluten Grundstücksexperten entwickeln. Denn Sie können Ihren Interessenten nur dann einen optimalen Grundstücksservice bieten, wenn Sie über die entsprechenden Marktkenntnisse verfügen und die gesetzlichen Grundlagen kennen.

Ein Beispiel: Wenn der Interessent vor dem Kauf eines Grundstücks steht, können Sie ihm den Service anbieten, zu prüfen, ob Baulasten und Grunddienstbarkeiten auf der Immobilie liegen. Selbst wenn diese Aufgabe ein Grundstücksreferent übernimmt – dazu später mehr –, ist es erforderlich, dass auch Sie im Profi-Hausverkauf über die entsprechenden Kompetenzen verfügen, dass Sie wissen, was es mit dem Grundbuch auf sich hat, wie ein Bebauungsplan und ein Flächennutzungsplan zu lesen sind und welche Konsequenzen sich für den Interessenten aus diesen Plänen ergeben. Auch welche Gesetze der Baunutzungsverordnung relevant sind, sollten Sie wissen: Um die Zulässigkeit von Bauvorhaben beurteilen zu können, ist es notwendig, sich intensiv mit den betreffenden gesetzlichen Rahmenbedingungen zu beschäftigen.

Ein letztes Beispiel: Für den Interessenten ist es von größter Bedeutung, wenn Sie beurteilen können, dass

- bei „Bauerwartungsland“ eine bauliche Nutzung in absehbarer Zeit zu erwarten ist,
- es sich bei „Rohbauland“ um Flächen handelt, die für eine bauliche Nutzung zwar bestimmt sind, deren Erschließung jedoch noch nicht gesichert ist, und
- bei „baureifem Land“ die Erschließung gesichert ist.

Denn (Ihre) Expertise zahlt sich aus: Was glauben Sie, in wessen Akquisitions-Pipeline ein Interessent auftauchen wird: bei dem Hausanbieter, der über dieses Wissen nicht verfügt – oder bei Ihnen, der ihm einen fundierten Expertenrat auf der Grundlage der Gesetzgebung unterbreiten kann?

!

Durch jede Kompetenz, die Ihnen dazu verhilft, die Voraussetzungen für den Hausverkauf zu schaffen, nämlich ein geeignetes Grundstück zu finden und dem Hauskäufer anzubieten, verstärken Sie den Akquisitionssog auf potenzielle Kunden. Denn einen professionellen Grundstücksservice haben Ihre Wettbewerber meistens nicht zu bieten.

”

„Die erste und vornehmste Fähigkeit eines Spitzenverkäufers resp. einer Spitzenverkäuferin ist die Begeisterung für das Produkt. Der Verkäufer muss hinter dem stehen, was er verkauft. Als zweites sollte er oder sie sich in die Kunden hineinfühlen können. Und der dritte wichtige Punkt ist die Gabe des Zuhörens, denn letztendlich steht der Kunde im Mittelpunkt und sollte zwei Drittel reden.

Früher würde ich den Verkauf – ich drücke es einmal wirklich hart aus – mehr als Manipulation bezeichnen. Man hat den Kunden durch Fragen dorthin geführt und ihn dann über eine Abschlusstechnik „verarztet“. In der heutigen Zeit gilt es, Sog statt Druck zu produzieren. Wir müssen etwas Besonderes für den Kunden leisten!“

Sylvia Lösch, Spitzenverkäuferin und Geschäftsführerin bei Südwest Massivbau GmbH

2.2 Tag und Nacht beschäftigt: Ihr Grundstücksservice

Entscheiden Sie zunächst, ob Sie die Expertise des Grundstücksmanagements in Ihrem Haus aufbauen oder ob Sie sich dazu mit einem Experten zusammenschließen wollen. Denn es wäre ja auch möglich, dass Sie selbst das Baugrundstück beschaffen.

Das kostet Sie Zeit und eventuell auch Geld – obwohl es nicht unbedingt notwendig und auch nicht empfehlenswert ist, dass SIE das Grundstück zunächst erwerben und es an den Hausverkäufer weiter veräußern. Auf jeden Fall benötigen Sie in Ihrem Unternehmen eine entsprechende Organisationsstruktur, wenn Sie nun nicht mehr allein Grundstücke verkaufen, sondern im Rahmen Ihres Grundstücksmanagements auch einkaufen.

Wie auch immer Sie sich entscheiden: Nach außen können Sie Ihre Kompetenz kommunizieren, den Kunden in den entscheidenden Bereichen des Hauskaufs zu unterstützen, die die Abbildung 6 zeigt.

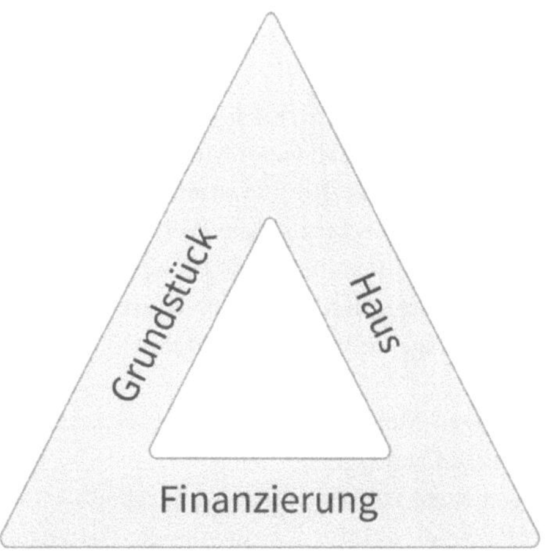

Abb. 6: Grundstückssuche – Hausverkauf – Finanzierung
Quelle: eigene Zusammenstellung

Viele Interessenten und Kunden lieben es, „alles“ aus einer Hand zu erhalten. Wenn Sie

1. einen professionellen Grundstücksservice bieten,
2. Unterstützung in den Finanzierungsfragen leisten und
3. dem Kunden „sein“ Wunschhaus offerieren können,

wird sich Ihr Akquisitionstrichter rasch füllen!

Die Checkliste 2 zeigt einen Überblick über die wichtigsten Aufgaben des Grundstücksservices.

Checkliste 2: Grundstücksservice – die wichtigsten Aufgaben

- Sie sind für den Interessenten auf der ständigen Suche nach Grundstücken.
- Sie bauen ein Netzwerk auf und halten den Kontakt mit Menschen, die mit dem Grundstücksmarkt zu tun haben.
- Sie vertiefen ständig Ihre Kenntnisse über den regionalen Grundstücksmarkt, bevorzugte Wohnlagen, regionale Besonderheiten und das regionale Preisgefüge.
- Sie recherchieren den Stand der Baureife der Grundstücke, die infrage kommen, und klären die Eigentumsverhältnisse.
- Sie verfolgen Maßnahmen, die geeignet sind, ein Grundstück baureif zu machen.
- Sie legen Kurzexposés zu jedem baureifen Grundstück an und pflegen diese Informationen in die Grundstücksbörse (Datenbank) Ihres Unternehmens ein.
- Die Grundstücksbörse wird permanent aktualisiert.

- Sie bieten dem Interessenten an, alle grundstücksrelevanten Unterlagen für das Baugesuch bereitzustellen.
- Grundstücksservice und Vertrieb arbeiten eng zusammen: Der Grundstücksservice zum Beispiel nimmt ständig Grundstücksgesuche vom Vertrieb zur zielgerichteten Suche geeigneter Grundstücke entgegen.

Entscheidend ist, dass Sie professionelle Maßnahmen ergreifen, um ständig Informationen zu geeigneten Grundstücken zu erhalten.

Tipp: Dazu sondiert einer Ihrer Mitarbeiter resp. Mitarbeiterinnen den Grundstücksmarkt, studiert die Tageszeitungen, durchforstet das Internet und hält vor allem den Kontakt zu Gemeindevertretern, Behörden und Institutionen, die Grundstücke anbieten. Außerdem gehört regelmäßiger Kontakt zum Katasteramt/Vermessungsamt sowie der Besuch bei den Bauausschuss-Sitzungen, der für Sie und Ihre Kunden relevanten Gemeinden zu Ihrem Programm, denn nur so erhalten Sie Informationen über interessanten Baugrund, bevor der auf den Markt kommt – wobei vieles ja schon vorher „unter Bekannten" verkauft wird, bevor es überhaupt „offiziell auf den Markt kommt". Sie müssen dafür sorgen, dass Ihr Unternehmen zu den „unter Bekannten" gehört. Wo wird Bauland (neu) ausgewiesen? Wo Bauerwartungsland? Wo wird Altbebauung zum Abriss und zur Neubebauung freigegeben? Gibt es Industrie brachen, die (in Kürze oder prospektiv) umgewidmet werden für Haus- oder Geschossbau?

Zusatztipp: Oft lohnt sich das Gespräch mit Kirchenvertretern, weil die Kirche Land verpachtet oder verkauft.

Professionalisieren Sie Ihre Kontakte zu Maklern

Natürlich suchen Sie zudem den Kontakt zu den Maklern, auch diese kennen interessante Flächen. Allerdings: Makler mögen alle möglichen Probleme haben – aber momentan gewiss nicht das, keine Interessenten zu finden. Im Gegenteil, auch die Makler suchen für ihre Kunden oft händeringend nach Immobilien und Grundstücken. Selbstverständlich: Wenn es Ihnen gelingt, einen Kontakt in eine Behörde aufzubauen oder zu Menschen, die zum Beispiel aus beruflichen Gründen sehr frühzeitig die Information erhalten, dass ein Grundstück „zu haben“ ist, kann dies für Sie nur von Vorteil sein – der Kontakt zu solchen Personen erscheint meistens erfolgversprechender als der Kontakt zu Maklern. Aber das hängt eben auch sehr von der Gegend und dem Einzelfall ab: Eventuell finden Sie Makler, die bereit sind, auch Ihre Interessen zu verfolgen. Klar, das passiert nicht ohne Gegenleistung. Daher müssen Sie Win-win-Situationen für den Makler schaffen.

Win-win-Situationen herstellen

Prüfen Sie dabei immer, was für Ihren Netzwerkpartner von Interesse sein könnte. Immobilienmakler zum Beispiel wollen ein Grundstück, welches sie im Vermarktungsauftrag haben, so schnell wie möglich und mit so wenig Aufwand wie möglich umsetzen. Deshalb schätzen Makler an Ihnen, dass:

- Sie über einen Bestand an kaufwilligen Interessenten verfügen,
- Sie die Bonität dieser Interessenten bereits aus der Bedarfsermittlung kennen,
- Sie dem Makler Recherchewege abnehmen, die er selbst gehen müsste, um zum Beispiel

- o zu ermitteln, was auf dem Grundstück gebaut werden kann und welche Baulasten und Dienstbarkeiten eingetragen sind,
- o eine Bauvoranfrage zu stellen und eine Teilungsgenehmigung einzuholen.

Sie sollten zudem überlegen, inwiefern Sie mit den Maklern auf Provisionsebene zusammenarbeiten können.

Die praktische Konsequenz für Sie lautet: Bauen Sie ein entsprechendes Netzwerk auf, damit Sie frühzeitig und möglichst als Erster erfahren, wann und wo ein Grundstück angeboten wird.

!

Entscheidend dabei ist die Beziehungsebene. Netzwerkpartner werden Ihnen immer dann als Ersten die Kenntnisse über ein Grundstück mitteilen, wenn sie:

- ➢ von Ihrem Expertenwissen überzeugt sind,
- ➢ Ihnen zutrauen, ein Grundstück professionell und für alle Beteiligten reibungslos zu vermitteln und
- ➢ Ihnen vertrauen.

Sie merken, all dies sind subjektiv empfundene Kriterien. Entscheidend ist mithin der zwar subjektiv gefärbte, aber positive Eindruck, den der Makler von Ihnen gewinnt. Dieser überzeugende Eindruck entsteht bei Ihrem Umfeld, wenn:

- ➢ Sie ständig über Ihre Internetpräsenz und auch die Printmedien kundtun, dass Sie Grundstücke für Ihre Kunden suchen,

- Ihre Kunden in Verbraucher- und Social-Media-Portalen über Ihre Erfolge bei der Grundstücksvermittlung an Bauherren sprechen und
- Grundstücksverkäufer mit Ihrer Vermittlung zufrieden sind.

!

Wenn sich der Erfolg Ihres Grundstücksmanagements herumspricht, wird dies positive Auswirkungen für Ihre Vertriebs-Pipeline haben.

Dann kann es durchaus auch passieren, dass eine Privatperson, die ein Grundstück zu verkaufen hat, an Sie herantritt. Sie kontaktiert dann keinen Makler, den sie bezahlen muss, sondern direkt Sie, den Hausanbieter resp. die Bauunternehmung.

Reflexionsübung: Wie ist Ihr Grundstücksmanagement aufgestellt? Haben Sie sich Gedanken gemacht, wie Sie resp. Ihr Unternehmen so positiv auf die Umgebung wirken können, dass Makler oder andere Anbieter Ihnen gegebenenfalls attraktive Grundstücke benennen werden? Haben Sie ein Modell aufgesetzt, nach dem potenzielle Grundstücksverkäufer mit Ihrer Vermittlung zufrieden sind?

2.3 Die datenbankgestützte Grundstücksbörse als Ihr Informationszentrum

Überlegen Sie sich für Ihr Unternehmen geeignete Wege, wie Sie die Informationen so in einer Datenbank einpflegen, dass die Informationen allen Beteiligten jederzeit zugänglich sind. Natürlich müssen Sie dabei den Erfordernissen der EU-DSGVO, der seit Mai 2018 in Kraft getretenen Datenschutzgrundver ordnung, sowie der ePrivacy-Verordnung und allen weiteren Erfordernissen des Datenschutzes und der Datensicherheit nachkommen. „Unbegründbare“ Datensammlungen, womöglich noch in Zusammenführung mit sensiblen Personendaten, sind weder erlaubt, noch überhaupt sinnvoll; das schriftliche Einverständnis aller Personen, die Ihnen Daten zuliefern oder deren Daten Sie erheben, speichern und verarbeiten, sollte immer vorliegen (dazu später noch mehr im Kapitel „Online-Marketing“).

Tipp: Wenn Sie Unterstützung beim Aufbau der Datenbank benötigen, melden Sie sich am besten bei uns (info@punktlandung-im-hausverkauf.de). Wir haben eine umfangreiche Übersicht erarbeitet, die alle relevanten Aspekte umfasst, die für eine professionelle datenbankgestützte Grundstücksbörse wichtig sind und zudem eine idealtypische Vereinbarung zur Nutzung der Grundstücksbörse erstellt, in der auch die Provisionsregelungen beschrieben sind.

Struktur und Aufbau der Grundstücksbörse

Was hat es mit der Grundstücksbörse konkret auf sich? Es handelt sich um eine Datenbank, die alle Grundstücke der Verkäufer erfasst, die der Grundstücksbörse angeschlossen sind. Sie wird vom Unternehmen mit den Informationen zu den erfassten Grundstücken der Verkäufer ständig aktualisiert. So verfügen alle angeschlossenen Verkäufer über einen gemeinsamen Grundstückspool mit Informationen, die für die Entscheidungsfindung der Interessenten und Kunden von Bedeutung sind.

Voraussetzung ist, dass sich die angeschlossenen Verkäufer vertrauen und respektieren und – über die oben angerissenen strengen gesetzlichen Erfordernisse bzgl. Datenschutz und Datensicherheit hinaus – einen ehrlichen und diskreten Umgang mit den vertraulichen Informationen zu den Grundstücken beachten (darüber hinaus gelten natürlich gesetzliche Regelungen wie u.a. die der EU-DSGVO). Grundlage der Zusammenarbeit ist das Einverständnis, das die Informationen zu den eingebrachten Grundstücken allen zugänglich sind und zur Verfügung stehen – und damit auch den potenziellen Interessenten und Kunden. Jeder Hausverkäufer muss etwas geben und etwas nehmen:

- Der Verkäufer „gibt", indem er seine – auch exklusiven – Informationen bezüglich eines Grundstücks allen angeschlossenen Verkäufern zur Verfügung stellt.
- Der Verkäufer „nimmt", indem er den Zugang zu einem größeren Pool von Grundstücken erhält. Dies ermöglicht ihm die schnellere Versorgung der eigenen Interessenten und Kunden mit Grundstücken.

! **Es entsteht eine Win-win-Situation für alle Profi-Verkäuferinnen und Verkäufer, die der Grundstücksbörse angeschlossen sind.**

Zu jedem baureifen Grundstück wird eine aussagekräftige Kurzcharakteristik entwickelt. Das Kurzexposé wird in die Datenbank eingepflegt, sodass alle Beteiligten, die im direkten Kontakt mit einem Interessenten stehen, diesem anschaulich beschreiben können, wie es um das Grundstück bestellt ist. Der große Vorteil: Der Hausverkäufer kann das Grundstücksprofil mit den Kundenerwartungen abgleichen.

Checkliste 3: Inhalt und Aufbau einer Kurzcharakteristik

- Landkreis
- PLZ
- Gemeinde
- Ortschaft
- Straße
- Flur
- Größe (m^2)
- Kaufpreis (€)
- Ist das Grundstück erschlossen?
- Info zu Erschließungskosten
- Vermittler
- An wen alles ist Provision zu zahlen resp. wer ist als weitere Kontaktperson zu beachten?
- Höhe der Provision(en) (brutto)
- Herkunft des Grundstückes
- Kontaktperson
- Funktion
- Telefon
- E-Mail
- Textlich-freie Beschreibung des Grundstücks
- Bemerkungen
- Grundstücks-Checkliste – diese biete ich Ihnen als kostenlosen Download an
- Bilder des Grundstücks

Beispiel für eine textlich-freie Grundstücksbeschreibung
„Idyllisch gelegenes Baugrundstück in Ortsrandlage mit unverbaubarem Blick zum Bärberg. Entfernung zum Einkaufszentrum 5 Minuten, zur Grundschule 7 Minuten, zur Bushaltestelle 400 Meter. Bahnhof und Kino sind im Ort vorhanden."

!

Ein Tipp, den alle Hausverkäufer, die bereits Grundstücke für Ihre Bauherren organisieren, berücksichtigen sollten, ist: Wenn Sie einen Interessenten dabei unterstützen, ein Grundstück zu finden oder es sogar für ihn beschaffen, schließen Sie vor Grundstücksbesichtigung den Bauwerksvertrag ab. Sonst laufen Sie Gefahr, lediglich als „Grundstücksbeschaffer“ (aus)genutzt zu werden.

Eine große Zahl von Hausverkäufern, die wir kennen, haben langjährige Erfahrungen damit, ein Haus ohne Grundstück zu verkaufen. Juristisch gesehen ist das ein schwebend unwirksamer Vertrag. Allerdings erweitert sich damit die Zielgruppe um all die Interessenten, die noch ein Grundstück suchen. Diese wenden sich nun an Hausverkäufer, die über Grundstücke verfügen und einen Grundstücksservice anbieten. Die Bauverträge mit diesen Kunden enthalten ein Rücktrittsrecht vom Vertrag, wenn vom Bauherren und dem Verkäufer in einer festgelegten Zeit doch kein Baugrundstück gefunden wird.

Die Erfahrungen dieser Verkäufer zeigen jedoch, dass nach Abschluss dieses Vertrages mit Rücktrittsrecht auch die Kunden viel intensiver nach einem Baugrundstück suchen und meist ohne den Grundstücksservice des Verkäufers fündig werden. Eine meiner Schulungsteilnehmerinnen berichtete mir, dass sie etwa zwei Drittel ihrer Häuser ohne ein vorhandenes Grundstück verkauft. Von diesen Kunden finden innerhalb der Rücktrittsfrist etwa 40 Prozent selbst ein Grundstück. 40 Prozent können von ihrem Grundstücksservice versorgt werden und etwa 10 Prozent nehmen nach der Rücktrittszeit das Rücktrittsrecht in Anspruch. Ebenfalls 10 Prozent verlängern die Rücktrittsfrist von sich aus, um noch ein Grundstück zu finden. Nun stellen Sie sich vor, diese Verkäuferin würde nur an Interessenten mit Grundstück verkaufen! Dann hätte sie zwei Drittel weniger Interessenten und 53 Prozent weniger Kunden

2.4 Nutzen Sie die Expertise eines Grundstücksreferenten

„Der Hausverkäufer xy arbeitet mit Leuten zusammen, die ihn immer wieder zeitnah über bezahlbare Grundstücke informieren, bevor sich das überall herumgesprochen hat. Den kontaktieren wir jetzt mal!" – Würde es Ihnen gefallen, wenn Sie am Markt solch ein Image aufgebaut hätten? Dann sollten Sie Ihre Expertise im Grundstücksmanagement durch die Zusammenarbeit mit einem Grundstücksreferenten optimieren. Dies ist insbesondere für Hausverkäufer interessant, die zwar einen Grundstücksservice anbieten wollen, aber nicht die Zeit haben, regelmäßig nach geeigneten Grundstücken zu fahnden.

Es gibt Hausanbieter, die zur Verstärkung ihres Vertriebsteams für mehrere Verkäufer einen Grundstücksreferenten aufbauen. Das kann auch auf selbstständiger Grundlage und Honorarbasis geschehen. Die Checkliste 4 zeigt die wichtigsten Eigenschaften, über die ein Grundstücksreferent verfügen sollte.

Checkliste 4: Eigenschaften eines professionellen Grundstücksreferenten

- verfügt über umfangreiches Beziehungsnetzwerk und Networkfähigkeiten
- steht wenig im Kundenkontakt, da er hauptsächlich den Hausverkäufern zuarbeitet

- hat kommunikative Fähigkeiten, da er Kontakt mit Menschen, die mit dem Grundstücksmarkt zu tun haben, aufnimmt und pflegt
- verfügt über profundes Wissen zu grundstücksrelevanten Sachverhalten: Bebauungspläne, Baurecht, Katasterwesen, Vertragswesen, Grundbuch, Ämterverantwortlichkeiten: Wer entscheidet was, wann und wie?

Der Grundstücksreferent kann als Ihr Mitarbeiter oder als selbstständiger „Zuarbeiter“ agieren.

Noch ein Praxistipp: Eine Alternative besteht in einer Person, die 1. nicht in Konflikt mit ihrem Job oder beruflichen (ethischen) Anforderungen kommt und 2. über ein Netzwerk verfügt, das nützlich und „ergiebig“ ist. Beispielsweise der ehemalige Bürgermeister, frühere Gemeinderats- oder Stadtverordnetenversammlungs-Mitglieder oder Amtsleiter, die zum Beispiel als (ehemalige) Mitarbeiter einer Kommunalverwaltung Kontakte für Sie aktivieren.

Denken Sie aber auch an Mitarbeiter von Wohnungsgenossenschaften, an Vermesser und an ehemalige Mitarbeiter des Katasteramts – und grundsätzlich an Leute, die in ihren bisherigen Berufen viel herumgekommen sind.

Briefträger, Paketdienstmitarbeiter, Polizisten, Mitarbeiter von Telefondienstleistungsunternehmen, Essenslieferanten – all diese Menschen haben und hatten möglicherweise mit Personen Kontakt, die „demnächst“ ein Grundstück verkaufen wollen.

Und warum sollte es abwegig sein, mit einem Vorruheständler zu kooperieren, der in seinem Wohnort und seiner Region gute Kontakte hat, offensiv Ausschau nach Baulücken hält und darauf achtet, ob Grundstücke zum Verkauf anstehen? Wenn „irgendwo“ ein Haus gebaut wird, ist die Wahrscheinlichkeit nicht gering, dass es in der näheren Umgebung weitere Baugrundstücke gibt. Oder denken Sie an große Grundstücke, die möglicherweise geteilt werden können, um darauf ein zweites Haus zu errichten. Solche Beobachtungen sind am ehesten Menschen möglich, die in der Gegend wohnen und die Anwohner kennen – und diese aktiv ansprechen können: „Sag mal, hast du schon einmal daran gedacht, einen Teil deines riesigen Grundstücks zu verkaufen?“ Der nächste Gang ist dann der zur zuständigen Behörde, um zu erfragen, ob die gedachte Teilung auch genehmigungsfähig ist.

Nutzen Sie auch das unentdeckte Potenzial Ihrer Kunden. Wenn Sie ein Haus ohne Grundstück verkaufen, stellen Sie und der Kunde sich die gemeinsame Aufgabe, ein passendes Grundstück zu finden. Die Kunden entwickeln ab diesem Moment oft weitreichende und kreative Initiativen.

Profi-Hausverkäuferin Mandy Pohl aus Werder, die im vergangenen Jahr über 30 Einfamilienhäuser verkauft hat, berichtete mir in den ausführlichen Interviews und Recherchen, die ich für dieses Buch geführt habe:

> *„Ich verkaufe die meisten meiner Häuser an Kunden ohne Grundstück. Die Mehrheit dieser Kunden findet danach ihr*

passendes Grundstück allein. Der Hauskauf wirkt dabei wie ein Energiedrink. Und einige dieser Kunden finden so viel Spaß an der Grundstückssuche, dass sie danach weiter als meine Grundstücksreferenten für andere Kunden tätig sind."

Sicherlich: Bei der Zusammenarbeit mit Vorruheständlern und Kunden mag „Freund Zufall" zuweilen ein Wörtchen mitreden. Warum aber die Dienste dieses Freundes nicht nutzen? Klar ist natürlich: Ideal sind Grundstücksreferenten, die über ein Netzwerk verfügen, in dem sich zum Beispiel Notare, Makler und Mitarbeiter bestimmter Behörden und Organisationen befinden – Checkliste 5 gibt einen Überblick.

Checkliste 5: Netzwerke des Grundstücksreferenten

- Bürgermeister
- Bauamtsleiter und deren Mitarbeiter
- Mitarbeiter und Leiter des Katasteramts
- Mitarbeiter des Stadtplanungsamts
- Mitarbeiter der Nachfolgeorganisationen der Treuhand
- Mitarbeiter von Grundstücksentwicklungsgesellschaften
- Mitarbeiter der Grundstücksentwicklungsabteilungen von Großunternehmen
- Mitarbeiter von Wohnraumlenkungs- und Koordinierungsabteilungen der Bundeswehr und anderer alliierter Armeen
- Vermesser, Mitarbeiter von Vermessungsbüros
- Notare und deren Mitarbeiter
- Steuerberater
- Architekten und deren Mitarbeiter
- Makler

2.5 Mit gerechter Provisionsregelung Win-win-Situationen schaffen

Sofern Ihr Grundstücksreferent zu Ihrem Team gehört oder Ihnen als Selbstständiger zuarbeitet, liegt es auf der Hand, ihn dafür angemessen zu entlohnen. Schwieriger wird es bei dem ehemaligen Amtsleiter oder dem Vermesser, der Ihnen einen entscheidenden Tipp gibt. Sorgen Sie dafür, dass jeder, der Ihnen zuarbeitet, dafür auch etwas erhält. Das kann eine Provision sein oder ein Dienst, der Ihrem Grundstücksreferenten von Nutzen ist. Denken Sie überdies an den Grundstücksverkäufer selbst, dem Sie sich erkenntlich zeigen sollten. Darum: Planen Sie die Kosten ein, die Ihnen durch das Grundstücksmanagement entstehen werden. Bitte beachten Sie jedoch, dass diese Vergütungen ordnungsgemäß versteuert werden müssen. Klären Sie Ihre Vorgehensweise deshalb unbedingt mit Ihrem Steuerberater.

Ein intelligentes Vergütungssystem und eine gerechte Provisionsregelung sind die Basis eines funktionierenden Grundstücksservices.

!

Grundgedanke ist, die Provision zu teilen oder zu verteilen. In Unternehmen ohne Grundstücksservice erhält der Verkäufer die gesamte Vertriebsprovision, oft um die vier bis sechs Prozent des Nettoverkaufspreises des Hauses. Wenn jedoch der Grundstücksservice im Vertrieb die gleiche Gewichtung erhält wie der Verkauf – Sie erinnern sich an Karsten Reimann: „Ohne Grundstück kein Hausverkauf" – sollte die Vergütung ebenfalls geteilt werden. Nehmen wir zum Beispiel an, der Vertrieb erhält eine Provision in Höhe von vier Prozent vom Nettoverkaufspreis des Hauses. Dann heißt das:

- Der Verkäufer erhält zwei Prozent und derjenige, der das Grundstück beschafft, erhält ebenfalls zwei Prozent.
- Verkauft der Verkäufer ein Haus an einen Interessenten, der bereits ein Grundstück besitzt, erhält er wie bisher beide Provisionsanteile, also die vier Prozent.

Die Konsequenz liegt auf der Hand: Aufgrund der Provisionsregelung ist nun jeder Verkäufer bereit, sein Grundstück in die Datenbank (Grundstücksbörse) einzustellen. Denn wenn nun ein anderer Verkäufer mit dem Grundstück einen Hausverkauf macht, erhält ja der, der das Grundstück eingestellt hat, eine ebenso hohe Vergütung. So entstehen Win-win-Situationen.

Ein Nebeneffekt ist: So wird sich in Ihrer Vertriebsorganisation auch bald herausstellen, wer besser Grundstücke organisieren und wer besser Grundstücke verkaufen kann.

2.6 Kreative Ideen für kreative Hausanbieter

Im professionellen Grundstücksmanagement liegt die große Chance für Sie, ein Alleinstellungsmerkmal zu etablieren, das Sie eindeutig vom Wettbewerb differenziert und mit dem Sie Ihre Vertriebs-Pipeline dauerhaft füllen. Entwickeln Sie Kreativität und gehen Sie ungewöhnliche Wege: Dass Sie für die Suche nach Grundstücken auf Immobilienportalen präsent sind und des Öfteren Grundstückssuchanzeigen in den Printmedien schalten, gehört zu den Selbstverständlichkeiten. Überlegen Sie, ob es für Sie zielführend ist,

- Grundstückseigentümer direkt, also persönlich anzusprechen oder eine von Hand geschriebene Postkarte (unter

Beachtung der allg. Maßgaben des Datenschutzes (Namen, Daten) in den Briefkasten zu werfen, ob sie einen Teil ihres großen Grundstücks verkaufen wollen,

- ein Maklernetzwerk – wie bereits besprochen – aufzubauen,
- ein umfangreiches Beziehungsnetzwerk zu nutzen und
- auf Messen, Konferenzen und Tagungen präsent zu sein, die von Leuten besucht werden, die Teil des Grundstücknetzwerkes sind.

Wenn das nicht Ihr Ding ist, kooperieren Sie mit dem oben ausführlich beschriebenen Grundstücksreferenten. Denn ein guter Grundstücksreferent, der für Grundstücksverkäufer professionell Grundstücke auftut, die Baureife prüft und organisiert und den Verkauf managt, erhält Empfehlungen und bekommt wiederum Grundstücke angeboten. Profitieren Sie davon.

Fazit: Bauen Sie ein professionelles Grundstücksmanagement auf. Sorgen Sie dafür, dass die Qualität Ihres Grundstücksservices bekannt wird. Denn nur, wenn die Interessenten im Vorfeld erfahren, dass Sie solch einen Dienst anbieten, wird er sich positiv auf Ihre Neukundenansprache und Ihren Akquisitionstrichter auswirken.

Hinzu kommt: Ob Grundstücksreferent, Verkäufer, Makler oder ein anderer Mitarbeiter Ihres Unternehmens: Wer das Grundstück beschafft, ist nicht relevant. Alle im Verkauf, alle Personen mit Kontakt zu Interessenten und Kunden sind gefragt – entscheidend ist der Service am Interessenten und Kunden. Und darum sollen bei Erfolg auch alle ihre Prämie und Anerkennung erhalten.

Das Grundstücksmanagement ist ein Kernelement für Ihre erfolgreiche Arbeit als professioneller Hausverkäufer, ja fast schon eine notwendige Voraussetzung. Denn wie gesagt: „Ohne Grundstück kein Haus.“ Um jedoch Ihre Vertriebs-Pipeline dauerhaft zu füllen, sollten Sie die Ideen prüfen und umsetzen, die wir im folgenden Kapitel besprechen werden.

3

Sieben clevere Akquisitionsstrategien für mehr Kundeninteressenten

Entscheidend bei jeder der folgenden Akquisitionsstrategien ist: Sie müssen Ihre Interessenten dort finden und ansprechen, wo sie sich tummeln. Ihre potenziellen Kunden surfen viel im Internet? Und ganz besonders Ihr Kunden-/Interessenten-Avatar, also der von Ihnen bevorzugte Wunschkunde? Dann brauchen Sie auf jeden Fall eine Online-Akquisitionsstrategie. Ihre Kunden gehören mit großer Wahrscheinlichkeit zu den klassischen Zeitungslesern und achten auf die Anzeigen in den Printmedien? Dann benötigen Sie eine Anzeigenstrategie und sollten Annoncen entwerfen, die Ihren bevorzugten Kundentyp emotional berühren und ansprechen. Sie wissen, dass sich Ihre Interessenten auf Messen über ihr Traumhaus informieren? Dann ist klar, dass Sie Ihre Messeauftritte professionell planen sollten.

Dies sind nur einige Möglichkeiten, die Aufmerksamkeit Ihrer Interessenten auf sich zu lenken. In den folgenden Kapiteln lernen Sie eine Reihe sehr unterschiedlicher, innovativer Ideen kennen, mit denen Sie Ihre Akquisitions- und Vertriebs-Pipeline auffüllen können.

Tipp: Meist ist ein Akquisitions-Mix der richtige Weg. Sie müssen wirklich nicht „auf jeder Hochzeit tanzen"; es genügt, sich auf einen Mix derjenigen Akquisitionskanäle zu fokussieren, die Ihre Wunschzielgruppe im Wesentlichen trifft.

Reflexionsübung: SIE kennen Ihren Kunden-/Interessenten-Avatar am besten. Entwickeln Sie auf der Grundlage der folgenden Strategievorschläge ein Konzept, das Ihren Anforderungen und Ihrem Avatar am besten entspricht.

Einfach unverbindlich nachfragen: Tel.: 03491 79395-0

Natürlich unterstützen und beraten wir Sie gern, mit welchen Akquisitionsstrategien Sie Ihre Ziele erreichen. Besonders betont sei: Bei allen Strategien ist es von elementarer Bedeutung, einen konkreten Kontaktimpuls zu schaffen! Der Interessent, der sich im Internet über Sie informiert, Ihre Anzeige sieht, Ihren Firmennamen auf einem Baustellenschild liest oder der mit Ihnen auf der Messe spricht: Immer muss er von Ihnen motiviert werden, nach dem ersten Kennenlernen – ob nun virtuell oder real, online oder offline – mit Ihnen Kontakt aufzunehmen. Und er muss die Möglichkeit dazu haben, also genau wissen, wie er Sie kontaktieren kann. Das bedeutet: Jeder Kontakt muss direkt in Ihre Akquisitions-Pipeline fließen und dort als Kontakt oder Lead präsent sein.

3.1 Strategie 1: So sprechen Sie Interessenten mit klassischen Werbemitteln an

Neben der Onlinewelt gibt es auch noch die gute alte Offlinewelt. Das droht im Zeitalter der Digitalisierung und des allgegenwärtigen Internets zuweilen in Vergessenheit zu geraten. Aber ob Sie nun in Ihr lokales Mitteilungsblättchen, das Sie an jedem Wochenende in Ihrem Briefkasten finden, oder in Magazine wie „Der Spiegel" schauen: Überall finden Sie Anzeigen renommierter Hausanbieter. Während sich in der lokalen Zeitung eher bodenständige Hausanbieter wie etwa Town & Country und Streif mit einer viertelseitigen Anzeige präsentiert, ist es in „Der Spiegel" WeberHaus mit einem zwölfseitigen Prospekt.

Die Beispiele zeigen, dass es sich auch in digitalen Zeiten noch lohnt, klassische Akquisitionswege zu beschreiten und den Akquisitions-Mix anzustreben.

Vergessen Sie auf keinen Fall die klassischen Wege zum Interessenten!

!

Prospekte, Broschüren, Direct Marketing, die Ansprache möglicher Interessenten mit Brief und E-Mail mithilfe einer gepflegten Kundendatenbank (wobei das E-Mail-Marketing eigentlich zum Online-Marketing zählt, aber doch auch eindeutig zu den klassisch-traditionellen Akquisitionsmaßnahmen): All dies gehört zu Ihrem Alltag und sollte nicht vernachlässigt werden.

Auffällig ist, dass diese Akquisitionsinstrumente oft sehr konkret auf die Zielgruppe zugeschnitten sind. Der WeberHaus-Prospekt etwa titelt: „Passt perfekt zu mir, in Design und Qualität. Mein Architektenhaus." Man kann wohl leicht erkennen, dass der Prospekt auf einen definierten Kunden-/Interessenten-Avatar zielt. Auf jeden Fall präsentiert sich der Anbieter als Baupartner, der „Werte schaffen", „Wohn- und Lebenskonzepte verwirklichen" und hohe „Qualitätsstandards" und einen „umfassenden Service" bieten will, weil er „weiß, was Sie wollen". Hier versteht es anscheinend jemand, den Interessenten an seinen emotionalen Wurzeln zu packen und in der Gestaltung der Werbemittel sehr zielgruppenspezifisch zu agieren.

Werbemittel kundenspezifisch gestalten

Für Sie lässt sich daraus die Empfehlung ableiten: Kreieren Sie Ihre Werbemittel strikt kundenindividuell. Hilfestellung können Ihnen dabei renommierte Persönlichkeitstypologien geben. Nehmen wir hier einmal stellvertretend für solche Tools das bekannte Insights MDI® (Scheelen AG). Diese(s) kennen Sie vielleicht schon aus meinen Büchern „Punktlandung im Vertrieb" und „Punktlandung im Hausverkauf" (resp. können das jederzeit dort nachlesen), daher halten wir uns an dieser Stelle kurz. Wir unterscheiden (bei diesem Tool) vier grundlegende Kundentypen, die in der Regel jeweils spezifische Verhaltensweisen an den Tag legen. Zielführend ist es, wenn Sie dies auch bei der Akquisition berücksichtigen und zum Beispiel Ihre Werbemittel und die Kontaktaufnahme darauf abstimmen. Bei der Beschreibung der Kundentypen nutzt die Persönlichkeitstypologie eingängige Farbmetaphern (siehe Checkliste 6).

Checkliste 6: Kundentypen und ihre Vorlieben

- Der *rote Kundentyp* benötigt zur Entscheidung Fakten und konkrete Informationen. Das Bau-Projekt muss ihm Größe, Macht und Bedeutung vermitteln. Status und Macht sind ihm sehr wichtig.
- Der *gelbe Kundentyp* will begeistert werden; er liebt die Extravaganz, das Außergewöhnliche, das Neue und Aufregende. Er wünscht, dass das Bauprojekt seine Fantasie beflügelt.
- Der *grüne Kundentyp* bevorzugt Werte wie Harmonie, Verbundenheit und Vertrauen – das bezieht sich auch auf das Bauprojekt. Er liebt „Rund-um-sorglos"-Pakete und braucht das Gefühl der Sicherheit.

- Der *blaue Kundentyp* ist der sachlich-kontrollierte Typ mit hohem Kontrollbedürfnis. Er sieht das Haus als Summe seiner technischen Details. Er setzt auf Tradition und das Bewährte und benötigt konkrete, in die Tiefe des Details gehende Informationen und Garantien.

Die unterschiedlichen Persönlichkeitstypen – also Kundentypen – bevorzugen natürlich auch unterschiedliche Lagen, Häuser, Ausstattungen und im gegebenen Fall andere Projekte (Geschosswohnungen, Lofts, Apartments etc.) zur Kapitalanlage. Folgende Abbildung xy zeigt exemplarisch und natürlich etwas zugespitzt, zu welchen Haustypen die Kundentypen tendieren.

Abb. 7: Die Kundentypen und ihre Traumhäuser
Quelle: eigene Zusammenstellung, aus: Guttenberger, Ralph: „Punktlandung im Hausverkauf", S. 44

Klassische Werbematerialien auf Persönlichkeitstypen abstimmen

Bereits die kurze Beschreibung der Kundentypen – und damit der Haustypen – zeigt, dass sich der gelbe enthusiastisch-peppige Kundentyp wohl von einer anderen Anzeige angesprochen fühlen wird als zum Beispiel der sachlich-nachdenklich blaue Typ. Denn der blaue Interessent sucht in der Anzeige nach Zahlen, Daten und Fakten. Er sieht das Haus als Summe vieler kleiner Details. Ihn interessieren Angaben zu Einsparungspotenzialen (Energie, Material) und zum besten Preis-Leistungs-Verhältnis. Er schätzt bekannte Haus- und Traditionsmarken, die eine verlässliche Qualität und lange Haltbarkeit bieten. Beschreiben Sie in den Werbemitteln, welche zuverlässigen Serviceleistungen und Nachrüstoptionen Sie bieten. Eine knallige Farbgebung wäre bei diesem Kundentyp eher kontraproduktiv. Es sind vor allem Adjektive wie *anerkannt, zweckmäßig, sparsam, erprobt, fachmännisch* und *zuverlässig*, die seine Aufmerksamkeit erregen, ebenso Verben wie *ordnen, prüfen, planen, sparen* und *organisieren.*

Der gelb enthusiastisch-peppige Kundentyp erfordert eine andere Gestaltung Ihrer Werbemittel und Akquisitionsinstrumente. Er wird sich für trendige Häuser interessieren, die einen hohen Erlebnischarakter bieten, eine Wohlfühlwelt versprechen und es ihm erlauben, „anders zu sein als die anderen“, sich also abzuheben. Das Haus soll Aufmerksamkeit erregen. Entsprechend sollte die Gestaltung Ihrer Werbemittel ausfallen und darauf abgestimmt werden. Das betrifft auch die Farbgebung und die Wortwahl: Der gelbe Kundentyp lässt sich von Adjektiven wie *großzügig, neuartig, abwechslungsreich* und *beeindruckend* begeistern, Verben wie *genießen, faszinieren, anregen, imponieren* und *inspirieren* ziehen ihn in die Anzeige hinein und motivieren ihn, sich intensiv mit ihr zu beschäftigen.

Auch bei dem roten statusbedachten Kundentyp sollten Ihre Anzeigenabteilung und Sie sehr zielorientiert agieren. Dieser Kunde legt Wert auf ein repräsentatives Domizil – entsprechend auffällig sollte die Anzeige aufgebaut sein und demonstrieren, dass der Hauskauf ein Stück weit zur Autonomie des Hausbesitzers beiträgt. Betonen Sie in der Anzeige, dass Sie – der Anbieter – Marktführer sind oder zu den Marktführern gehören und der Kunde durch den Kauf in der Meister-Klasse oder der Champions League spielt. Ihre Werbemittel signalisieren Stärke, Schnelligkeit, Effizienz und Leistungsstreben. Und dies drückt sich dann auch in der Sprache aus: Den rot-dominanten Kundentypen sprechen Adjektive wie *erfolgreich, perfekt, lukrativ, beeindruckend* und *führend* an. Und er lässt sich durch Verben wie *durchsetzen, profitieren, erzielen* und *stärken* begeistern.

Und was ist mit dem grün-harmonieorientierten Kunden? Er braucht natürlich ein Wohlfühl-Haus! Ihn sprechen Werbemittel an, in denen möglichst oft der Bezug zu Menschen – insbesondere der Familie und Freunde – hergestellt wird. Betonen Sie, dass Sie zum Beispiel ein Familienunternehmen sind und Sie sich mit Haut und Haaren für Ihre Kunden engagieren und einsetzen. Ihre Häuser bieten Wohlbefinden pur, Geborgenheit und Menschlichkeit. Nutzen Sie Adjektive wie *gemütlich, familiär, wohlgeformt, wohltuend, idyllisch, persönlich* und *angenehm* und setzen Sie Verben ein wie *helfen, erleichtern, mitfühlen* und *freuen*.

Der Hausanbieter Ytong-Bausatzhaus zum Beispiel hat Hausprospekte für jeden Kundentypen entwickelt und setzt diese erfolgreich auf Messen und Bauherrentagen ein. Zum Einen geben die Verkäufer den Kunden nach dem ersten Kennenlernen das passende Produkt mit auf den Weg. Zum Anderen können sie auf Messen und Ausstellungen aus der Prospektwahl des Interessenten schon weitgehend auf seine Vorlieben und auf die Gesprächsführung und Vorgehensweise im Verkaufsprozess schließen.

Immer häufiger begleite ich Hausunternehmen auch bei der Erstellung typengerechter Funnels für die Website. Über vier gezielte Fragen, die auf der Startseite eingebaut werden, entscheidet der Websitebesucher automatisch, in welchen Funnel er sich „einklickt". Alle weiteren Folgemaßnahmen sind danach entsprechend typengerecht aufgebaut und gestaltet.

Reflexionsübung: Ordnen Sie Ihren Kunden-Avatar und Ihre Zielgruppen den Haustypen zu. Entwickeln Sie dann darauf abgestimmte Werbemittel wie etwa Anzeigen, Broschüren, Prospekte und Flyer.

3.2. Strategie 2: So gewinnen Sie mit Online-Marketing internetaffine Kunden(interessenten)

Keine Frage: Die Suche nach dem Traumhaus spielt sich heutzutage zu einem großen Teil online ab. Darum sollten Sie mit Ihren Angeboten auf Internetplattformen wie www.ImmobilienScout24.de und www.immowelt.de präsent sein. Wenn Ihre Zielgruppen und Ihr Kunden-/Interessenten-Avatar oft in den sozialen Medien unterwegs sind – und das ist einfach zunehmend der Fall, da alle jüngeren „Häuslebauer" mit dem Internet und den Plattformen großgeworden sind und großwerden –, lohnt es sich womöglich:

- einen Instagram-Account mit schönen Bildern der Häuser und Interieurs, Gärten und sozialen Events wie Hauseinweihungen, Familienfesten etc. zu füllen, die richtig Lust aufs Wohnen in den eigenen vier Wänden machen, oder- einen informativen und publikumsattraktiven Videochannel bei YouTube (darauf komme ich später noch zurück) aufzubauen, oder

- auf Pinterest Pinnwände mit tollen Hausbauprojekten und -fotos, Interieurideen und zum Beispiel Bau-Umwelt-Themen zusammenzustellen, oder
- Facebook-Fanpages aufzubauen und die hochspezifischen, also genau auf die Wunschkunden-Zielgruppen zuzuschneidenden Werbemöglichkeiten gerade bei Facebook zu nutzen.

Ebenso sollten Sie Folgendes für Ihren Online-Marketing-Mix in Betracht ziehen resp. prüfen (Sie müssen natürlich keine dieser Ideen nutzen, ich stelle sie hier vor, damit Sie eine möglichst große Übersicht und Auswahl haben. Sie entscheiden gemäß Ihrer Kundenavatare und Zielgruppen, was Sie am besten nutzen.):

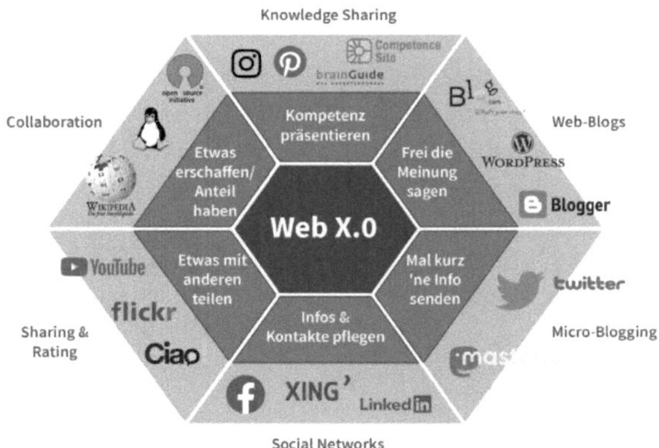

Abb. 8: Der Hausverkäufer und seine Präsenz im Internet
Quelle: Eigene Darstellung

Das Herzstück Ihrer Online-Präsenz und des Online-Marketings ist Ihre Webseite. Was beim Online-Marketing beachtet werden sollte, beschreibt Michael Bernecker in seinem Buch „Online Marketing für Bildungsanbieter", das sich zwar an eine andere Zielgruppe wendet, deren Inhalte sich aber oft auf Ihre Anforderungen übertragen lassen.

Die Webseite dient dem Imageaufbau und der Positionierung Ihrer Firma am Markt und kann zugleich eine Kontakt- und Verkaufsplattform sein. Es lohnt sich also, ordentlich Gedankenschmalz in ihren Aufbau zu investieren und dabei Experten zurate zu ziehen. Entscheidend für Struktur und Konzept sind selbstverständlich Ihre Ziele. Soll die Webseite primär informieren, soll sie Servicefunktionen zur Verfügung stellen oder vor allem als Werbeplattform und Verkaufsplattform fungieren? Die Zusammenarbeit mit einem Experten hilft Ihnen, die Webseite so aufzubauen, dass sie Ihre Wunschinteressenten anspricht und dazu bewegt, Kontakt mit Ihnen aufzunehmen.

Bei der Gestaltung der Webseite sind natürlich sehr viele Aspekte zu berücksichtigen – aus Platzgründen fasse ich einige davon in der Checkliste 7 unter akquisitorischen Gesichtspunkten für Sie zusammen.

Checkliste 7: Hinweise für die inhaltliche Gestaltung Ihrer Webseite

- Elementar wichtig sind u.a.
  - die Responsivität der Website – sie muss als „mobil-optimierte" Website und selbst-adaptiv auf allen Geräten wie Smartphones, Tablets, PCs angepasst ange-

boten werden

- die Darstellung der Nähe zum Kunden – für viele potenzielle Bau-Kunden ist die räumliche Nähe des Anbieters ein wichtiges (Such- und später) Entscheidungskriterium. Regionalität kann u.U. durchaus auch ein wichtiges Unterscheidungskriterium sein – vor allem, wenn Sie wirklich nur lokal begrenzt anbieten und Ihre regionalen Mitbewerber ausstechen wollen
- die Darstellung der besonderen Fachkompetenzen, Angebote und Kriterien, die für Ihre Kernzielgruppe entscheidend sind – angelehnt an die sauber recherchierten Suchbegriffstatistiken („was genau suchen unsere potenziellen Kunden und mit welchen Begriffen und Begriffskombinationen geben sie es in die Suchmaschinen ein?")
- Aktualität der Inhalte – das ist nicht nur für die Suchmaschinen wie Google wichtig, sondern vor allem auch für Ihre Interessenten: sie dürfen nicht auf statische, alte Contents treffen („hier sehen Sie ein Haus, das wir anno XX gebaut haben – und danach leider nix mehr, weil wir keine Zeit, Ressourcen oder Lust hatten, ständig aktuelle Projekte aufzubereiten und hier auf unserer Website einzustellen.")
- technische, z. B. onsite-SEO-Vorkehrungen, die dafür sorgen, dass Ihre Website schon allein aus technischen Gründen weiter oben angezeigt wird (oder jedenfalls nicht von Google und anderen Suchmaschinen abgestraft und in den hinteren Seiten der Suchergebnisse angezeigt wird)
- Conversion erhöhen: damit ist gemeint, dass der Kunde auf der Website überall attraktive Möglichkeiten

vorfinden muss, um mit Ihnen im Unternehmen in Kontakt zu treten. Das ist mehr als nur das übliche Kontaktformular oder ein Newsletter, denken Sie daran, auf jeder Seite groß die Telefonnummer aktiviert anzugeben (damit der Kunde Sie von unterwegs aus mit einem Fingertipp auf seinem Smartphone anrufen kann), kostenlosen Rückruf zu einer vom Kunden wählbaren Uhrzeit anzubieten (dafür gibt es einfache Widgets, die Sie in Ihre Website einbauen können), interessante Informationen zum kostenlosen Anfordern oder Download anzubieten oder einen kurzen Online-Selbsttest zum Thema „Welcher Haus-Typ" bin ich – so, wie wir das schon im vorigen Strategiekapitel für die „Offline-Welt" besprochen haben.

- "I made it myself" – die individualisierte Konfiguration von Produkten ist einer der höchsten Aufmerksamkeitsfaktoren und Kaufimpuls-Auslöser überhaupt. Wenn es möglich ist, bieten Sie auf der Website einen Konfigurator an, mit dem der potenzielle Kunde erste Wünsche „zusammenklicken" kann. Kurz: Machen Sie es dem Interessenten so leicht wie möglich, Kontakt mit Ihnen aufzunehmen („Call to Action"), nicht nur auf der Startseite, sondern auf allen relevanten Unterseiten.
- Die Webseite muss den Interessenten ansprechen, also absolut user- und interessentenfreundlich gestaltet werden.
- Stellen Sie die einfache Bedienbarkeit sicher: mehr als drei Klicks führt heute kein User mehr aus, um zu einem Ergebnis zu kommen. User, die mit der Bedienbarkeit unzufrieden sind, verlassen die Site und kommen nie wieder.
- Achten Sie besonders auf die aktuellen gesetzlichen Vorgaben des Datenschutzes und der Datensicherheit, gera-

de auch bei Ihrer Datenschutzerklärung auf der Website sowie der korrekten Verwendung von Kontaktformularen resp. dem datenschutzgerechten Angebot von downloadbaren Materialien oder z. B. Online-Testverfahren oder -Konfiguratoren in der Art „Wie sieht mein Traumhaus aus". Vom Schutz vor Abmahnverfahren etc. ganz abgesehen, erzeugen Sie damit ein gutes, sicheres Gefühl bei Ihren Interessenten, denn auch Privatleute werden – zu Recht – immer sensibler bezüglich der Verwendung ihrer Daten und merken somit auch gleich Ihre Professionalität und vertragliche Zuverlässigkeit.

- Berücksichtigen Sie dabei stets die Erfordernisse der Europäischen Datenschutz-Grundverordnung EU-DSGVO und der e-Privacy-Verordnung.
- Und ganz am Schluss: Vergessen Sie die Sicht des Betreibers nicht. Auch Sie bzw. Ihre Mitarbeiter müssen mit der Pflege resp. Aktualisierung der Webseite problemlos zurechtkommen, denn die ständige Einstellung aktuellen Contents und die technische Pflege der einmal erstellten Website sind eminent wichtig.

Mit Suchmaschinenmarketing ganz vorn mit dabei sein

Natürlich ist es eine Binsenwahrheit: Die tollste Webseite nutzt Ihnen wenig, wenn die potenziellen Hauskäufer, also Ihre wirkliche Zielgruppe, diese im Worldwide Web nicht oder nur zufällig finden.

Für die Verwirklichung Ihres Ziels, Ihre Akquisitions-Pipeline zu füllen, ist es darum von geradezu überlebensnotwendiger Bedeutung, ein professionelles Suchmaschinenmarketing zu betreiben.

Tipp: Beachten Sie im SEM (= Search Engine Marketing, Suchmaschinen-Marketing) die im Wesentlichen unterschiedlichen Ansätze, die Sie aber auch beide im Mix nutzen können, da sie „aufeinander einzahlen", also die Präsenz Ihrer Website auf der ersten Suchtreffer-Seite (SERP = Search Engine Result Page) – und eine Anzeige auf dieser Seite ist wirklich wünschenswert, selbst bei der zweiten Seite gibt es massive Sichtbarkeitsverluste, da sie kaum noch ein Kunde aufruft – wahrscheinlich machen:

- SEO = Search Engine Optimization. Dahinter verbergen sich alle Maßnahmen, mit denen die Website im organischen Ranking der Suchmaschinen, den so genannten Natural Listings, auf den oberen Rängen angezeigt wird. Auf beispielsweise einer SERP von Google werden gewöhnlich zehn solcher organischen Treffer angezeigt, diese werden auch „blaue Links" genannt.
- SEA = Search Engine Advertising. Hierbei handelt es sich um die kurzen Werbeanzeigen mit Verlinkungen, die oben und unten auf einer SERP angezeigt werden. Bei Google z.B: heißen diese „Google-Ad-Anzeigen", von diesen werden gewöhnlich vier oberhalb der „blauen Links" angezeigt und drei darunter. Je nach Suchanfrage kosten diese Anzeigen unterschiedlich viel – abgerechnet wird pro Klick auf Basis des „Werts" der Suchbegriffe. Begehrte Suchbegriffe sind teurer als weniger interessante – bringen aber natürlich auch mehr Aufmerksamkeit und höhere Klickraten.

PS: Der Vollständigkeit halber: Daneben gibt es noch die so genannten Universal-Search-Ergebnisse – dabei werden auf der SERP aktuelle, für „alle" wichtige News aus renommierten Nachrichtenquellen auf der ersten Seite eingespielt. (Diese werden für Ihr Suchgebiet aber meistens weniger Bedeutung haben – außer, Sie platzieren sich auch über aktuell politisch-wichtige Themen wie beispielsweise Energiepolitik im Bau, Familienfinanzierung, Generationenprobleme in der Immobilienwirtschaft).

Suchmaschinenmarketing: Hase-Igel-Rennen mit den Algorithmen

Das Suchmaschinenmarketing sorgt dafür, dass potenzielle Hauskäufer mit einiger Wahrscheinlichkeit auf Ihre Webseite stoßen. Ihr Ziel dabei ist, bei den einschlägigen Suchmaschinen – wobei Sie natürlich vor allem an Google denken sollten – ganz weit oben im Ranking zu landen. Viele Parameter und Maßnahmen sind dabei wichtig – und sie ändern sich zudem von Zeit zu Zeit, da/wenn die Suchmaschinen neue Such-Algorithmen einführen –, hier daher nur ein ganz kleiner Überblick (professionelles SEM benötigt immer eine/n Experten/in oder eine spezialisierte Agentur, die die neuesten Suchalgorithmen des Webcrawlers resp. Google Bots kennt resp. weiß, wie sie den Anforderungen und Auswirkungen dieser wirksam begegnen können):

- Onsite-Optimierung: Ihre Webseite ist so strukturiert, also „on-site optimiert“, das sie generisch im Listing nach oben rückt.
- Offsite- auch Offpage-Optimierung genannt: Im Wesentlichen geht es darum, dass Sie es schaffen, möglichst viele Interessenten für die Verlinkung resp. Erwähnung Ihrer Website zu begeistern. Wichtig ist, dass es sich dabei um selbst möglichst relevante Websites handelt, also solche, die Ihre Zielgruppe adressieren und von diesen in großer

Zahl frequentiert werden, einen möglichst hohen PageRank haben und sehr viele Zugriffe aufzeigen können. Dann steigt im Übrigen auch der PageRank – ein Bedeutungskriterium – Ihrer Website, wobei es auch SEM-Experten gibt, die diesen nicht mehr für so wichtig halten. (Es ist halt, siehe oben, ein Hase- und Igel-Rennen: da keine Suchmaschine ihre Algorithmen wirklich offenlegt, werden von den SEM-Experten meist nur Rückschlüsse gezogen – und diese durchaus unterschiedlich. Ganz abgesehen davon, dass sich tatsächlich mit den Updates die Präferenzen resp. Vorgaben der Suchmaschinen-Algorithmen ändern.)

- Aktualität und Relevanz des Contents, also der auf der Website zur Verfügung gestellten Inhalte.
- Social Signals: Das sind Bewertungen Ihrer Website resp. einzelner Contents darauf mittels Likes, Shares, Rezensionen, Comments/Kommentare, Tweets etc. Sie gehören im weiteren Sinne zum Bereich der Offpage-Optimierung. Und sie zeigen vor allem eines: aktueller und für die Zielgruppe hochwertiger, nützlicher Content ist einer der erheblichen Faktoren. (Darauf gehen wir später nochmal ausführlicher ein.)

Tipp: YouTube hat sich (im Westen, in anderen Staaten der Welt, insbesondere in Russland und China sieht die Reihenfolge der wichtigsten Suchmaschinen ganz anders aus) zur zweitwichtigsten Suchmaschine entwickelt. Es ist also schlau, wenn Sie versuchen, mit Videoreihen oder einem Channel zum Thema Hausbau auf YouTube dort besonders weit vorne bei der entsprechenden Suche durch potenzielle Kunden aufzutauchen.

Dort ist das Wettbewerberfeld bei vielen Spezialangeboten noch bei Weitem nicht so groß und Sie profitieren enorm von dem Vertrauensvorschuss, den Sie sich durch diesen Content bei Ihren potenziellen Kunden erarbeiten können. Überlegen Sie selbst: Wenn Sie Informationen und einen Lieferanten für den vielleicht wichtigsten Kauf, den Sie jemals im Leben tätigen werden, suchen: Wie überzeugend finden Sie dann einen Lieferanten, der sich in einer Videoreihe mit Vor- und Nachteilen, mit Produktbeispielen und Anwenderberichten, mit der Aufbereitung aktueller Fragen auseinandersetzt und damit seine absolute Expertise beweist? Sehr überzeugend? Eben!

Suchbegriffe: eine Kunst für sich

Damit die Suchmaschine Ihre Webseite findet, müssen Sie wissen, welche Suchbegriffe Ihre Kunden bei ihrer Suche eingeben werden. Sie müssen also die Perspektive des Suchenden einnehmen – das ist entscheidend. Mit einiger Wahrscheinlichkeit werden sich die Suchbegriffe um Begriffe wie „Hauskauf" und „Grundstücksverkauf" ranken. Besser jedoch ist es, eine professionelle Keywordrecherche durchzuführen und mithilfe von entsprechenden Tools zu analysieren, welche Suchbegriffe Ihre Interessenten nutzen. Ein Vorteil dieser Tools ist, dass sie Ihnen alternative Suchbegriffe zu den Begriffen vorschlagen, von denen Sie vermuten, Ihre Interessenten würden sie bei der Suche eingeben.

Tipps für die Definition der Suchbegriffe finden Sie zuhauf im Internet, und auch Ihre Webagentur oder WebmasterIn hat viele davon auf Lager – daher fasse ich hier einige kurz zusammen:

1. Erstellen Sie die erste Übersichtsliste an generischen Suchbegriffen selbst. Das heißt, überlegen Sie nicht, für welche Bau-Fachbegriffe Sie gefunden werden wollen, sondern, welche Worte und Phrasen Ihre Kunden in den Gesprächen nutzen. Da die meisten Menschen mittlerweile semantisch suchen, also ganze Fragesätze in die Suchmaschinen eingeben, kommen Sie damit meist den richtigen Key Words schon sehr nahe.
2. Ergänzen Sie die Übersichtsliste durch häufig vorkommende „Fehlbegriffe“ oder Falsch-Schreibungen sowie umgangssprachliche Synonyme (z.B. „Baufirma“ oder „Profi-Hausbauer“ statt Bau-Unternehmen, „Bau ETW“ statt Geschossbau etc.), wenn es solche gibt.
3. Im Zweifel fragen Sie einfach noch 5+ Kunden oder Interessenten, wonach GENAU sie suchen würden resp. gesucht haben; also Begriffe oder Begriffsketten.
4. Gehen Sie auf die bekannten Suchmaschinen – YouTube nicht vergessen – und tippen Sie die ersten Suchbegriffe ein. Nun werden Ihnen von der Suchmaschine „Auto-Vervollständigungen“ angezeigt. Prima! Das sind nämlich Begriffe und Begriffsketten („zusammengesetzte Suchbegriffe“), die besonders häufig gesucht werden. Übernehmen!
5. Nun geht´s um die Auswahl und Priorisierung der gefundenen möglichen Key Words. Dazu legen Sie einen Google-Adwords-Account an, sofern Sie diesen nicht eh schon haben und rufen den Keyword-Planer auf: https://ads.google.com/intl/de_de/home/tools/keyword-planner/ . In diesem testen Sie die Begriffe auf Ihrer Liste gegen, denn dieses Tool zeigt Ihnen (zum Zeitpunkt der Drucklegung dieses Booklets unter der Option „Budget planen und

Prognosen abrufen") sowohl an, wie stark die Keywords gesucht und gebucht werden, und wie „wertvoll" sie sind, also auch wie viel Ihre Wettbewerber sich diese Suchbegriffe in den Google-Adwords kosten lassen. Das Gute ist: Sie müssen jetzt gar nichts buchen, falls sie kein SEA machen wollen, aber haben alle wichtigen Informationen für Ihr SEM resp. SEO.

Suchbegriffe in Ihrer Website integrieren

In einem nächsten Schritt sorgen Sie dafür, dass Sie die Keywords oder Schlüsselbegriffe, mit denen Ihre potenziellen Kunden auf die Suche nach Ihrem Traumhaus gehen, auf Ihrer Webseite in einer gewissen Häufigkeit (wichtig: nicht übertreiben, das wird abgestraft, da Googles Algorithmen nach semantischen Sinnzusammenhängen suchen, und es daher eine gewisse „natürliche" Suchbegriffdichte in für andere Nutzer – und damit die Suchmaschine – wertvollen Texten gibt. Aber auch die Literatur hierzu allein füllt Bände – und die Ratschläge der SEM-Experten wechseln) und an exponierter Stelle integrieren. Das beginnt bereits bei Ihrer Domain, also Ihrer Internetadresse, bei der es sinnvoll sein kann, ein entscheidendes Keyword zu integrieren. Wer seine Webseite so optimieren will, dass sie von den Suchmaschinen gefunden und hoch gerankt wird, muss wissen, wie Suchmaschinen ranken. Dabei sind auch technische Aspekte zu beachten. Es empfiehlt sich daher, einen Experten hinzuzuziehen. Und, wie geschrieben, berücksichtigen und ergreifen Sie vor allem inhaltliche Maßnahmen – dazu habe ich oben viele Ideen aufgelistet –, denn es genügt nicht, dass Ihre Schlüsselwörter möglichst oft auf der Webseite benutzt werden.

! **Die Suchmaschinen ranken Webseiten auch danach, ob sie strukturiert aufgebaut sind und möglichst viel für die Nutzer wertvolle Inhalte bieten.**

What to do and what NOT to do

Prinzipiell kann man dazu raten, die Überschriftenhierarchie auf der Webseite stringent und logisch durchdacht aufzubauen. Setzen Sie Ihre Keywords in Fettdruck, arbeiten Sie mit Aufzählungen (Bulletpoints), liefern Sie Tipps und nummerierte Ratschläge sowie FAQs (Frequently Asked Questions/Häufige Fragen von Kunden mit relevanten Antworten) und bieten Sie inhaltlich gehaltvolle Texte.

Verzichten Sie auf die übermäßige Nennung der gefundenen Suchbegriffe (das wird mittlerweile eher abgestraft) und vor allem auf – Verzeihen Sie den Ausdruck – „Klickhuren", also beispielsweise Überschriften mit zweideutigen oder sexuellen Anspielungen, auf die vielleicht viele gelangweilte Menschen klicken, die Ihnen aber nichts bringen; wobei Sie jedoch das Prinzip des Click-Baitings durchaus für beispielsweise Blogbeiträge oder Social Media-Beiträge nutzen können. Click-Baiting (in der Übersetzung etwa: Klick-Köder auslegen) bedeutet, dass Sie spezielle Text-Techniken für Überschriften und Einleitungspassagen nutzen, die das Interesse von möglichst vielen möglicherweise interessanten Kunden wecken.

Aber übertreiben Sie nicht: Wenn Sie inhaltlich nicht liefern können, was Sie in Überschriften oder Postings versprechen, lenken Sie die falsche Art Aufmerksamkeit auf sich – und Netzuser können hämisch sein – als Internet-Meme wollen Sie ja nicht enden...

Interessenten mit Videos, Blogs und Tweets überzeugen
Prüfen Sie, ob es sinnvoll ist, in den Suchmaschinen Werbung zu schalten. Ist Ihr Kunden-/Interessenten-Avatar vor allem der internetaffine Interessent, der mit Facebook, Twitter und Co. sozialisiert worden ist, kann dies durchaus zielführend sein. Ähnliches gilt für Ihr Social Media-Marketing. Wenn sich Ihre Wunschkunden oft in den sozialen Medien aufhalten, ist es richtig, dass sie Sie dort finden und mit Ihnen kommunizieren können. Natürlich fallen den meisten von uns bei dieser Gelegenheit zuallererst Facebook und YouTube ein – wir haben ja weiter oben schon eine Liste an Möglichkeiten besprochen. Überlegen Sie darum, ob Sie bei YouTube eine Videoreihe oder einen Channel einstellen sollten, auf dem höchst nutzwertige Informationen für Haussucher visualisiert werden. Natürlich kann auch mal ein Video mit eher werbendem Charakter dabei sein – also beispielsweise stellen Sie den Weg dar, den Sie gemeinsam mit dem Kunden gehen – startend mit der Wunschhaus-Analyse und der Grundstücksbesichtigung, bis hin zur Projekterstellung und dem Bau des Hauses über das Richtfest bis zu einem wunderschönen Einzugsfest –, aber im Wesentlichen begeistern Sie Interessenten mit pointierter, hilfreicher Information.

Diese Videos müssen auch nicht höchstwertig und teuer produziert sein – im Gegenteil: Fakten, Fakten, Fakten, Beispiele aus der Praxis und im gegebenen Fall einfach ein „Aufsager in die Smartphone-Kamera“ sind schnell produziert und bilden eine nützliche Info-Reihe, die schon von ganz alleine für Sie wirbt (die Kontaktdaten und Call-to-Action haben Sie eh überall im Video).

Meinen Blog finden Sie unter www.punktlandung-im-hausverkauf.de/blog

Ganz ähnlich die Idee des Bloggings: So wie mit Videos auf YouTube können Sie auf Internetseiten, die von Haussuchern frequentiert werden, als Blogger aktiv werden. Und natürlich auf Ihrer eigenen Website auch – ein Fachblog ist wertvolle Information, die auch das Google-Ranking positiv beeinflusst. Sie präsentieren sich dabei als Experte für einen ausgewählten Bereich aus dem Segment „Hauskauf" und nehmen zu Themen Stellung, die für die Haussucher, also Ihre potenziellen Kunden, von Interesse sein dürften. Twitter ist ein weiterer Internetdienstleister, der von internetaffinen Hausuchern gern genutzt wird. Wenn es Ihnen gelingt, bei diesem Microblogging-Dienst Follower, also Anhänger zu gewinnen, stehen Sie im direkten Austausch mit Ihren Interessenten. Wie immer ist der Erfolg von wichtigen Kleinigkeiten abhängig. So gilt es als erwiesen, dass man in seine Twitter-Nachrichten möglichst viele Links einbauen sollte, weil diese eher weitergeleitet werden.

Online Sales Funnels – kein Zauberwerk

Facebook und Twitter, aber zusätzlich andere Social Media sind auch gute Verstärker für die vielbesungenen „Online Sales Funnels", quasi-automatisierte Verkaufstrichter im Internet. Das sieht im Wesentlichen wie in Abbildung 9 auf der folgenden Seite aus:

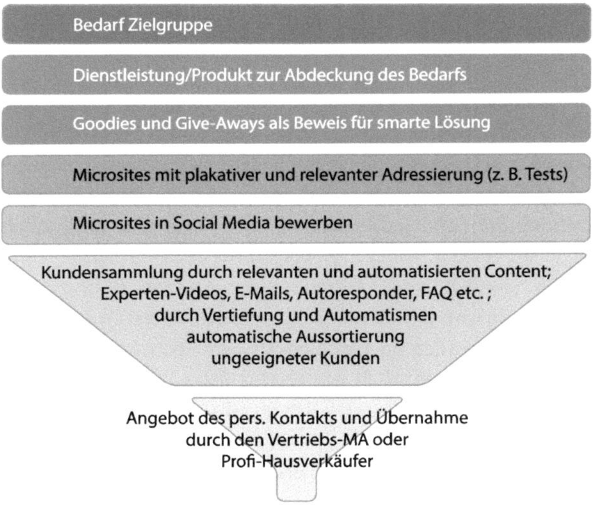

Bedarf Zielgruppe

Dienstleistung/Produkt zur Abdeckung des Bedarfs

Goodies und Give-Aways als Beweis für smarte Lösung

Microsites mit plakativer und relevanter Adressierung (z. B. Tests)

Microsites in Social Media bewerben

Kundensammlung durch relevanten und automatisierten Content; Experten-Videos, E-Mails, Autoresponder, FAQ etc. ; durch Vertiefung und Automatismen automatische Aussortierung ungeeigneter Kunden

Angebot des pers. Kontakts und Übernahme durch den Vertriebs-MA oder Profi-Hausverkäufer

Abb. 9: Beispiel für einen Online Sales Funnel
Quelle: eigene Darstellung, angelehnt an: https://www.easyautomatedsales.com/sales-funnel-examples/

Ganz ähnlich wie bei dem klassischen Sales Funnel, den wir in der Einleitung bereits besprochen haben, geht es bei den Online Sales Funnels darum, zunächst möglichst viele Interessenten im Internet zu adressieren, sie dann – möglichst automatisiert – dazu zu bewegen, Stufe für Stufe in Kontakt mit Ihrem Angebot zu kommen, dabei diejenigen Interessenten auszusieben, die wegen Geldmangels oder anderer Kriterien niemals Ihre Kunden werden und letztlich die besten Leads zur direkten, persönlichen Kontaktaufnahme zu führen, so dass Ihre Vertriebs-Pipeline immer mit „nachrutschenden Leads“ gefüllt ist.

Wie ich in der Überschrift schon zusammengefasst habe, sind Online Sales Funnels kein „Zauberwerk“ – also weder die Lösung aller Vertriebsprobleme noch technisch „unlösbar schwierig“. Aber Sie müssen genau bedenken, wen von Ihren Kunden-Avataren Sie damit adressieren können und wie die Funnels aufgebaut werden sollen. Im Folgenden fasse ich dafür Tipps meines Speaker- und Trainerkollegen Andreas Buhr zusammen, der sich in der achten, völlig aktualisierten Ausgabe seines hervorragenden Buches „Vertrieb geht heute anders“ (Gabal Verlag, 2019) ausführlich mit Online Sales Funnels auseinandersetzt. Hier die wichtigsten Schritte und Tipps:

1. Identifikation eines „Kittelbrennfaktors“, eines möglichst wichtigen Bedarfs („Need“) bei einer möglichst großen Grundeinheit an Zielgruppe(n), an potenziellen Interessenten resp. Kunden-Avatare

2. Identifikation (oder Entwicklung) des Produktes resp. der Dienstleistung, das/die eine wirklich funktionierende, wertvolle Lösung für dieses Problem oder diesen Bedarf liefert.

3. Entwicklung einer Reihe von hilfreichen Informationsmedien und „Goodies“ oder „Give Aways“ für die potenziellen Kunden, die beweisen, dass Ihre Leistung eine smarte Lösung für ihren Bedarf bietet.

4. Einstellen einer resp. mehrerer spezialisierter Microsite(s) ins Internet, die diese Bedarfe oder Wünsche plakativ adressiert (plakativ sind beispielsweise generische oder „sprechende" Domains, die neugierig machen wie www.welcher-haustyp-bin-ich.de mit dem dort angebotenen Persönlichkeits-/Haustypentest, den wir weiter oben angesprochen haben) und Ihre wirklich attraktiven Lösungen beschreibt.

5. Diese Microsites werden – siehe oben – auf den Kanälen und Social Media, auf denen sich die Kernzielgruppe häufig bewegt, beworben.

6. Damit ist der Trichter offen, in den oben neue Interessenten einlaufen. Diesen wird zunächst möglichst viel kostenloser, wertvoller Service geboten. Die Kommunikation läuft automatisiert über Auto-Responder-Systeme.

7. Schritt für Schritt binden Sie die neuen Interessenten stärker an Ihre Firma. Sie bauen eine belastbare Verbindung auf, indem Sie sich – auch darüber haben wir oben ausführlich gesprochen – als nützlicher Experte beweisen, Fragen beantworten, Hilfestellung bieten. Das kann durch „automatisierte Systeme" wie Autoresponder-E-Mails, FAQ (Frequently Asked Questions, Häufige Fragen) oder voraufgezeichnete Webinare resp. automatisch ausgespielte Videoaufzeichnungen geschehen. Anfrager, die in letzter Konsequenz nicht zum Angebot Ihres Unternehmens passen oder nicht das Budget dafür haben, sortieren sich

in dieser Phase aus, da sie sich irgendwann abmelden werden.

8. Angebot des persönlichen Kontakts – dazu können beispielsweise automatisierte Terminplanungssysteme genutzt werden – und dann Übernahme der direkten Verkaufskommunikation durch den/die Vertriebsmitarbeiter resp. Profi-Hausverkäufer.

Damit ist der Weg vom Aufstellen eines oder mehrerer möglichst breiter Trichter im Internet über automatisierte Systeme bis zur Übernahme des Warmkontaktes durch den Vertrieb von Mensch zu Mensch erfolgreich beschritten.

Werbung für Online

Zum Abschluss nochmal der Hinweis – wir haben dies weiter oben schon besprochen: Falls Sie vor allem regional und lokal tätig sind, ist es richtig und zielführend, Ihr Online-Marketing darauf abzustellen und die Website mit regionalen Bezügen und Inhalten zu versehen. Regional aktive Hausanbieter und Hausverkäufer könnten sich als „Ihr regionaler Hausanbieter" positionieren und ihre Onlineaktivitäten entsprechend ausrichten. Denken Sie also daran, zum Beispiel im lokalen Online-Branchenverzeichnis vertreten zu sein oder sich auf der Webseite Ihrer Stadt oder Gemeinde zu präsentieren. Und auch die „gute alte" Bannerwerbung kann funktionieren, wenn Sie Ihre Online-Werbebanner strategisch gut auf den Plattformen schalten, auf denen sich Ihre regionalen Käuferpotenziale oder aber Ihre „Avatar-Zielgruppen" in großer Zahl bewegen.

3.3 Strategie 3: So professionalisieren Sie Ihr Empfehlungsmanagement

Menschen hören eher auf die Empfehlungen ihrer Freunde, Kollegen und Geschäftspartner als auf die Versprechungen der Werbung. Der vertrauensvolle Kontakt von Mensch zu Mensch ist entscheidend. Nutzen Sie darum jede Möglichkeit, möglichst viele Kunden zu Empfehlungsgebern für Ihre Leistungen zu machen.

Die „Momente der Wahrheit" nutzen

Entscheidend ist, dass Sie in jeder Phase des Kundenkontakts positive Kundenerfahrungen prägen und negative Kundenerfahrungen vermeiden. Je besser dies gelingt, umso mehr wächst das Vertrauen, dass Ihnen der Kunde entgegenbringt. Und desto größer ist die Wahrscheinlichkeit, dass der Kunde Sie weiterempfiehlt.

Für Sie bedeutet das: Sie sollten sich für jede Phase des Kundenkontakts überlegen, wie es gelingt, positive Kundenerfahrungen zu prägen. Sensibilisieren Sie sich dafür, immer wieder die Frage zu beantworten: „Trägt meine Aktion oder meine Maßnahme zur Kundenbegeisterung bei?".

Die Customer Experience-Forschung beschäftigt sich damit, wie es insbesondere in den „Momenten der Wahrheit" gelingt, Kunden emotional zu überzeugen. Wichtige Momente der Wahrheit sind das erste Kennenlernen, die Begrüßung, aber auch schwierige Situationen wie die Abschlussphase im Verkaufsgespräch. In diesen Momenten entscheidet es sich oft, ob ein Kunde zur Konkurrenz überläuft – oder „für immer und ewig" bleibt, mithin eine tiefe und intensive Bindung zu Ihnen aufbaut. Auch wenn es brenzlig wird – etwa im Beschwerdegespräch oder in der heißen Abschlussphase des Verkaufsgesprächs – kommt es auf Ihre Fähigkeit an, sich in die Vorstellungswelt des Kunden zu begeben. Keine Frage: Einmal mehr ist Ihre Kenntnis des Kundentypus hilfreich: Wenn Sie wissen, ob ein Kunde rot, gelb, grün oder blau tickt, können Sie Ihre Beziehung zu ihm emotionalisieren.

Ein weiterer wichtiger Moment der Wahrheit ist der Grundstückstermin. Jetzt kommt es darauf an, ob und wie es Ihnen gelingt, den Kunden emotional zu packen und zu überzeugen. Das ist wichtig für die weitere Entwicklung des Kontakts, die Kaufentscheidung – und die Bereitschaft des Kunden, Sie weiter zu empfehlen.

Die Customer Experience-Forschung spricht in diesem Zusammenhang von Kundenkontaktpunkten. Beachten Sie dabei: Natürlich spielen die direkten Begegnungen eine wichtige Rolle. Aber mit „Kundenkontaktpunkten" ist mehr gemeint: Ob Telefongespräch und Korrespondenz, ob der passive Kontakt – wenn der Kunde eine Anzeige von Ihnen sieht oder sich im Netz über Sie informiert –, ob die Lektüre Ihres Newsletters: Immer geht es darum, dem Kunden Respekt zu erweisen, freundlich und höflich zu sein, dabei den Kundentypus zu berücksichtigen und ihm glaubwürdig und authentisch zu beweisen, dass er jetzt in diesem Moment der wichtigste Mensch auf der Welt für Sie ist!

Dabei sind manche Berührungspunkte kritischer als andere. Oft sind es Kleinigkeiten, die die ganz große Katastrophe oder die ganz große Begeisterung bewirken. Jedes Detail kann hierbei das Zünglein an der Waage sein. Deshalb sollten Sie an jedem einzelnen Kundenkontaktpunkt überlegen, wie Sie die Interaktion mit dem Kunden besser gestalten, sein Leben vereinfachen und seinen Nutzen vergrößern können. Oder wie man ihn emotional berühren, sein Dasein versüßen, ihm Zeit schenken und ihn immer wieder neu überraschen und begeistern kann.

Verwenden Sie ordentlich Gedankenschmalz darauf, wie Sie negative Kundenerfahrungen vermeiden. Die meisten Menschen tendieren dazu, ihre Negativerlebnisse sofort weiterzugeben – in digitalen Zeiten ist das besonderes leicht und rasch möglich. Positiverfahrungen hingegen geben sie nicht immer weiter, vor allem nicht zeitnah. Jede Unhöflichkeit und aus Kundensicht unangemessene Reaktion wird sofort bestraft.

Zu Empfehlungen werden die Kunden durch die „Big Five der Kundenbegeisterung“ motiviert:

1. Geringe Reaktionszeiten auf Anfragen, Hinweise und Beschwerden
2. Pünktlichkeit und Termintreue
3. Beratungskompetenz und Entscheidungshilfe
4. Qualität der Auftragsabwicklung (Prozessgestaltung)
5. Kundennachbetreuung

Bei allen Punkten erhöhen Sie die Wahrscheinlichkeit, den Kunden zum Empfehlungsgeber zu entwickeln, wenn Sie ehrlich, zuverlässig, freundlich und kompetent rüberkommen. Und halten Sie vereinbarte Termine und Fristen unbedingt ein. Informieren Sie den Kunden direkt und sofort über Änderungen oder notwendige Abweichungen im Abwicklungsprozess. Kommt es dann doch einmal dazu, dass Sie eine Vereinbarung nicht einhalten können: Entschuldigen Sie sich persönlich beim Kunden, begründen Sie Ihren Fauxpas. Die meisten Kunden bevorzugen eine ehrliche Entschuldigung. Ausreden hingegen erkennen sie rasch.

Noch ein Wort zu einem weiteren wichtigen Moment der Wahrheit: Die Abnahme ist ein sehr wichtiges Etappenziel für den Kunden und für Sie, weil die Leistung übergeben wird, der Kunde die Leistung annimmt und anerkennt, die Umkehr der Beweislast beginnt und die Gewährleistungszeit beginnt. Der Kunde stellt jetzt folgende Überlegungen an:

- Ist auch wirklich alles in Ordnung?
- Was passiert, wenn ich jetzt unterschreibe?
- Kann ich mich auch dann auf das Unternehmen verlassen, wenn ein Gewährleistungsfall auftritt?

Sie sind klug beraten, diese Überlegungen proaktiv aufzugreifen und den Kunden zum Beispiel über Aspekte wie Zusatzgarantien, Gewährleistungsverlängerungen, Produktpässe und Prüfzeugnisse zu informieren.

Meiner Erfahrung nach entscheidet sich oft in der Nachbetreuungsphase, also *nach* der Auftragserteilung, ob ein Kunde zum Empfehlungsgeber oder zum Ablehner wird. Wenn ich Kunden, die ich seit Jahren kenne und betreue, frage, woran sie sich positiv erinnern, kommen sie so gut wie immer auf die Ausführungs- und die Nachbetreuungsphase zu sprechen. Eher selten erinnern sie sich an den Kaufprozess vor der Auftragsvergabe. Das heißt: Ihre Dienstleistung wird von den Kunden mit der Ausführungsphase und der Betreuung danach gleichgesetzt! Achten Sie also darauf, den Kunden in genau diesen Momenten der Wahrheit zu überzeugen und zu begeistern. Diese Investition ist gut angelegtes Kapitel.

Nach der Auftragserteilung erwartet der Kunde, dass Sie sich weiterhin intensiv um ihn kümmern. Tun Sie das nicht, vermutet er, Sie wollten ihm vor allem etwas verkaufen. Jetzt nach dem Kauf, so der Gedankengang des Kunden, ist er Ihnen gleichgültig! Dieser Eindruck darf nicht entstehen. Denn im schlimmsten Fall wird der Kunde den Auftrag sogar noch stornieren! Weiterempfehlen jedenfalls wird er Sie nicht. Darum: Schon unmittelbar nach dem Abschluss braucht der Kunde eine Bestätigung für seine Entscheidung. Rufen Sie ihn an und übermitteln Sie ihm eine positive Nachricht, zum Beispiel mit der Bestätigung des gewünschten Ausführungstermins. Und auch im weiteren Verlauf der Nachbetreuung nehmen Sie immer wieder Kontakt mit ihm auf und fragen ihn nach seinen Wünschen.

Entwickeln Sie Ihre Kunden zu leidenschaftlichen Empfehlungsgebern

Lassen Sie mich nun eine konkrete Vorgehensweise beschreiben, mit der Sie Kunden zu Empfehlungsgebern entwickeln. Für Sie als Profi-Hausverkäufer gilt das Motto „Nach dem Abschluss ist vor dem Abschluss“. Denn Ihr Selbstverständnis besagt, dass Sie dem aktuellen Kunden einen so großen Nutzen erwiesen haben, dass es im Verwandten- und Kollegenkreis oder im geschäftlichen Umfeld des Kunden bestimmt weitere Personen gibt, die sich für Ihre Hausangebote interessieren. Eine Alternative besteht darin, den Kunden zu fragen, ob er Ihr Unternehmen und Sie weiterempfehlen kann oder als Referenzkunde zur Verfügung steht.

Weiterempfehlungen sind das Wertvollste, das Sie von Ihren Kunden bekommen können. Denn sie bilden ein wichtiges Standbein Ihres Neukundengeschäfts. Entwickeln Sie darum Ihre Kunden zu leidenschaftlichen Empfehlungsgebern.

Reflexionsübung: Überlegen Sie sich spezifische Weiterempfehlungsfragen, bei denen Sie den jeweiligen Kundentyp berücksichtigen. In der Akquisitionsphase haben Sie ja die vier Kundentypen kennengelernt. Prüfen Sie mithilfe der Checkliste 8: Wann sprechen Sie wie und mit welcher Formulierung die Weiterempfehlungsthematik an?

Checkliste 8: Kundentypspezifische Weiterempfehlungsfragen

- Achten Sie beim roten Kunden darauf, keinen Druck auszuüben und ihn nicht zur Namensnennung zu verpflichten oder gar zu nötigen. Betonen Sie die Vorteile, die der rote Kunde hat, wenn er den Namen eines potenziellen Empfehlungsnehmers nennt.
- Betonen Sie beim gelben Kunden, dass er etwas Besonderes tun kann und der Empfehlungsnehmer mit Ihren Leistungen einen „tollen Nutzen“ hat und ihm für seine inspirierende Empfehlung bestimmt dankbar sein wird.
- Erwähnen Sie beim grünen Kunden, dass mit Empfehlungen die Beziehung zwischen ihm und Ihnen gestärkt wird.

Und: „Sie erweisen Ihrem Kollegen einen riesigen Gefallen, wenn Sie dafür sorgen, dass ...“ Dies wird vom grünen Kunden, für den Werte wie Harmonie und Vertrauen bedeutsam sind, positiv bewertet.

- Betonen Sie beim blauen Kunden, dass er sicher sein kann, dass seine Empfehlung besonders gewissenhaft bearbeitet wird. Garantieren Sie ihm, dass Sie den Empfehlungsnehmer hundertprozentig zufriedenstellen werden.

Die Frage nach Empfehlungen ist immer dann erfolgreich, wenn die Interessenten oder Kunden auf einer hohen Stufe der Begeisterung sind. Dafür gibt es verschiedene Anlässe, zum Beispiel:

- beim Abschluss des Bauwerksvertrages,
- beim Richtfest (bester Zeitpunkt),
- nach dem Einzug und
- im Rahmen Ihres Besuches der Kunden ein halbes bis ein Jahr nach dem Einzug.

Vielleicht fühlen Sie sich noch unsicher, wie Sie am besten nach Empfehlungen fragen – es gibt immer wieder Verkäufer, die Angst haben, „betteln“ zu müssen oder dem Kunden unangenehm aufzufallen (obwohl ganz im Gegenteil das Empfehlungsmanagement von hoher Professionalität zeugt). Unserer Erfahrung nach führt nach dem Abschluss des Bauwerksvertrages die folgende Vorgehensweise bei den meisten Kunden zum Erfolg:

Hausverkäufer: *„Frau und Herr Müller, unser Geschäft lebt von zufriedenen Kunden, die uns weiterempfehlen. Wenn Ihr Hausbau so abläuft, wie wir es gerade besprochen haben, und Sie mit uns zufrieden waren, würden Sie uns dann Ihren Freunden und Be-*

kannten weiterempfehlen?"
Kundenpaar: *„Ja, das können wir uns durchaus vorstellen."*
Hausverkäufer: *„Dann danke ich Ihnen bereits jetzt für Ihre Empfehlungen. Gibt es da schon jetzt jemanden in Ihrem Umfeld, dem wir wie Ihnen helfen können?"*

Wichtig ist, den Kunden zu der Ansicht zu führen, dass er als Empfehlungsgeber dem Empfehlungsnehmer einen Gefallen erweist. Der einfachste Fall ist natürlich: Ihr Kunde weiß, dass ein Bekannter, Verwandter, Freund oder Kollege gerade ebenfalls auf Haussuche ist oder demnächst auf Haussuche gehen wird. Der Kunde fühlt sich dann bei der Empfehlung gut, weil er sicher sein kann, dem Freund oder Kollegen einen Dienst zu erweisen – einen Dienst, von dessen Vorteilen er sich ja gerade erst selbst durch den Abschluss mit Ihnen überzeugen konnte.

3.4 Strategie 4: So überzeugen Sie mit der Zustimmungs-Methode potenzielle Interessenten am Telefon

Im Hausverkauf ist von der telefonischen Kaltakquise abzuraten – sie ist im Verbrauchersegment (B2C, Business to Consumer) sowieso rechtlich nicht erlaubt. Sie brauchen das Telefon aber als Akquisitionsinstrument, etwa wenn Sie aufgrund einer Empfehlung anrufen oder ein Interessent durch ein Online-Marketing, Ihre Werbemittel oder Ihre sonstigen Akquisitionsaktivitäten motiviert wird, zum Telefonhörer zu greifen und zurückzurufen.

Dabei hat sich die Zustimmungs-Methode bewährt. Wir stellen sie seit vielen Jahren im Seminar als eine Technik vor, mit der sich das telefonische Erstgespräch erfolgreich gestalten lässt. Der sehr bekannte Verkaufstrainer Tim Taxis beschreibt sie neben zahlreichen weiteren vorzüglichen telefonischen Akquisitions-Tipps (Taxis 2017).

Ich erläutere die Zustimmungs-Methode hier gleich am Beispiel einer Empfehlung – Sie rufen also einen potenziellen Interessenten an, dessen Namen Sie durch einen zufriedenen Kunden erhalten haben.

Potenzieller Interessent: *„Ja, hallo?"*
Hausverkäufer: *„Guten Tag, mein Name ist Ralph Guttenberger, spreche ich mit Herrn Maier?"*
Potenzieller Interessent: *„Ja."*
Hausverkäufer: *„Guten Tag, Herr Maier, hier ist Ralph Guttenberger von KT Wunschhaus, ich grüße Sie." (Pause und Begrüßung des Angerufenen abwarten. Mit Abwarten der Begrüßung erreichen Sie den Start eines Dialoges.)*

Wenn sich der Ansprechpartner gleich zu Beginn deutlich vernehmbar mit „Maier" meldet, steigen Sie so ein: *„Guten Tag, hier ist Ralph Guttenberger. Ich spreche mit Herrn Florian Maier?"* Darauf erfolgt das „Ja" des Gesprächspartners. Das heißt: Wenn jemand seinen Nachnamen laut und deutlich sagt, fragen Sie noch einmal nach dem Namen, und zwar mit *Betonung auf dem Vornamen*. Sie lassen sich auf diese Weise also noch einmal bestätigen, dass Sie mit dem richtigen Herrn Maier sprechen, also mit *Florian* Maier.

Jetzt haben Sie schon einmal ein „Ja" bei der Nennung des Namens des Interessenten erhalten. Und jetzt entscheidet sich, ob es Ihnen von Beginn an gelingt, Vertrauen aufzubauen, Interesse zu wecken, Nutzen darzustellen und den Gesprächspartner in Ihre Akquisitions- und Verkaufs-Pipeline zu ziehen:

Hausverkäufer: *„Herr/Frau … hat mit mir (mit unserem Unternehmen) im vergangenen Jahr ein Haus gebaut.* (Pause und Zustimmung abwarten) *Frau … hat mir berichtet, dass auch Sie jetzt auf der Suche nach einem passenden Baupartner sind.“* (Pause und Zustimmung abwarten)

Fahren Sie jetzt fort, sich immer wieder die Zustimmung des Interessenten einzuholen:

Hausverkäufer: *„Was halten Sie davon, dass wir uns einmal in aller Ruhe dazu unterhalten?* (Pause und Zustimmung abwarten) *Bevor wir jedoch einen Termin vereinbaren, habe ich noch ein paar Fragen an Sie. Ist das für Sie in Ordnung?* (Pause und Zustimmung abwarten) *Oder passt Ihnen unser Telefonat dazu besser zu einer anderen Zeit?"* (Pause und Zustimmung abwarten)

Potenzieller Interessent: *„Ja, dann schießen Sie mal los.“*

Es folgen Fragen, mit denen Sie eine immer konkretere Interessentenqualifizierung vornehmen und schließlich entscheiden können, ob der Gesprächspartner Ihrem Kunden-Avatar entspricht. Und vielleicht können Sie mit ihm schon einen Termin vereinbaren.

In der folgenden Checkliste finden Sie Vorschläge für solche Fragen.

Checkliste 9: Fragen, die Sie im Ersttelefonat klären sollten

- Wie lange beschäftigen Sie sich bereits mit dem Bau Ihres Hauses?
- Mit wem haben Sie sich bereits beraten?
- Ggf.: Warum haben Sie dort noch nicht gekauft?
- Wann möchten Sie in Ihr Haus einziehen?
- Auf welchem Grundstück soll Ihr Haus einmal stehen?
- Wer wird alles mit einziehen?
- Wer außer Ihnen ist für die Entscheidung zum neuen Haus noch wichtig?
- Jetzt weiß ich bereits eine Menge über Ihren Hauswunsch und Sie. Wie wollen wir nun weiter vorgehen?

Aus dem Ersttelefonat heraus einen Termin zu vereinbaren, ist eine der schwierigsten verkäuferischen Herausforderungen. Mitunter ist es notwendig, dem Gesprächspartner im Telefonat erst einmal anzubieten, vorab einige Informationen zu Ihrem Unternehmen zuzusenden, ehe Sie ein zweites Telefonat anschließen können. Dann senden Sie dem Gesprächspartner allerdings bitte keine Informationen zu Ihrem Hausangebot zu! Denn das vermittelt ihm den Eindruck, dass er nun kein Gespräch mehr mit Ihnen benötigt.
Darum: Vereinbaren Sie gleich, wann Sie ihn das nächste Mal anrufen werden:

Hausverkäufer: *„Dann erhalten Sie morgen von mir per E-Mail/ per Post Infos zu … Am Freitagnachmittag rufe ich Sie wie besprochen noch einmal an. Dann entscheiden wir gemeinsam, ob ein persönliches Gespräch für Sie und mich Sinn macht."*

3.5 Strategie 5: So binden Sie mit Networking Interessenten für die spätere (Warm-)Akquise

Eine weitere Möglichkeit, die Akquisitions-Pipeline kontinuierlich zu befüllen, besteht darin, ein Beziehungs-Netzwerk aufzubauen. Wie das Empfehlungsmanagement ist das Networking eine relativ preisgünstige Akquisitionsstrategie. Sie setzt allerdings Ihren Willen voraus, jederzeit Kontakte zu Interessenten, aber auch Multiplikatoren aufzubauen und zu pflegen. Ein Beispiel: Sie sollten auf den entsprechenden Messen, Kongressen und Veranstaltungen präsent sein, weil sich dort auch Ihre potenziellen Interessenten, Kunden und Multiplikatoren aufhalten. Bauen Sie dazu informelle Netzwerke auf und prüfen Sie, in welchen Berufsverbänden und branchenspezifischen Netzwerken Sie Mitglied sein sollten. Denken Sie auch an Verbands-, Club- und Vereinsmitgliedschaften.

Ein informelles Netzwerk setzt sich aus Personen zusammen, mit denen Sie sich zusammenschließen, um sich gegenseitig zu unterstützen. Das Engagement in einem Berufsverband hilft, Kontakte zu knüpfen und ist überdies vorteilhaft für die Imagebildung. Wer auch ein wenig Lobbyarbeit leisten will, sollte in den „Oeckl" schauen (siehe www.oeckl.de) – der Oeckl bietet die Adressen von Führungspersonen und Entscheidern mit ihren Titel- und Funktionsbezeichnungen und nennt auch die jeweiligen Pressevertreter, über die Sie Kontakte anbahnen können.

Auch das Networking mit Parteien und sozialen und kirchlichen Verbänden und Institutionen hilft Ihnen weiter, etwa im Rahmen Ihres Grundstücksmanagements, wenn Sie also frühzeitig davon erfahren wollen, dass und wo in Ihrer Gemeinde und Region Bauland erschlossen werden soll.

Wichtig ist, dass Sie stets darauf vorbereitet sind, über Ihre Tätigkeit zu berichten. Sie erinnern sich bestimmt noch an den Sales Pitch aus Kapitel 1.3: In einem kurzen Statement bringen Sie in wenigen Sätzen auf den Punkt, wer Sie sind und wer Ihr Unternehmen ist, was Sie leisten können und was Sie zu bieten haben. Aber Achtung: Das Ziel von Networking besteht nicht darin, zu verkaufen, sondern Beziehungen zu knüpfen, die unter dem Motto: „Erst geben, dann nehmen" stehen. Darum sollten Sie Ihren Sales Pitch zu einem Elevator Pitch ausbauen. Was heißt das?

Mit Elevator Pitch ist eine „Fahrstuhl-Präsentation" zu Ihrer Person, Ihrem Unternehmen, Ihrem beruflichen und privaten Umfeld gemeint. „Fahrstuhl"-Präsentation deswegen, weil Ihr Statement in eigener Sache nicht länger als eine Fahrt im Aufzug dauern sollte. Als Anhaltspunkt gelten 30 Sekunden. In dieser halben Minute erläutern Sie Ihrem Gesprächspartner – einem potenziellen Interessenten oder Multiplikator –, mithilfe einer knackigen Selbstdarstellung, was Sie „so machen" und was der Gesprächspartner davon hat. Drei kurze Impulse: „der/die bin ich", „das mache ich", „das hast Du resp. das hat wer/das haben unsre Kunden davon".

Bauen Sie das Ganze als Small Talk auf, damit Sie Ihre Selbstpräsentation überall einsetzen können, auch auf dem Elternabend der Schule Ihrer Kinder, in der Gaststätte, im Gespräch mit der netten Dame oder dem netten Herrn in Zug und Flugzeug, aber auch im beruflichen Kontext. Wenn Sie dann jemand fragt: „Erzählen Sie mal, was machen Sie denn so?“, sind Sie um eine fundierte Antwort nicht verlegen. Deren Anfang kennen Sie ja  schon vom Beispiel auf Seite 30: „Ich heiße Annette Müller. Ich bin Expertin für ökologisches, energieeffizientes Wohnen. Ich bringe umweltbewusste Menschen entspannt in ihre eigenen, gesunden Wände.“

Vergessen Sie Ihre ehemaligen Kunden nicht
Die wertvollsten und erfolgversprechendsten Empfehlungsgeber sind immer noch Ihre zufriedenen Kunden. Diese haben mit Ihnen bereits in vertrauensvoller und erfolgreicher Zusammenarbeit gute Erfahrungen gemacht. Nutzen Sie also die Netzwerke Ihrer ehemaligen Kunden. Bieten Sie Ihren Kunden eine Zusammenarbeit als Empfehlungsgeber an.

Dabei steht oft die Prämie gar nicht so sehr im Mittelpunkt. Ich habe meinen Empfehlungsgebern immer 500 Euro für eine erfolgreiche Vermittlung gegeben. Wichtiger ist, dass die Kunden Ihnen vertrauen und Spaß am Empfehlen finden. Sie präsentieren mit Stolz ihren Netzwerkpartnern Ihr neues Haus. Das macht es diesen Kunden leicht, Gehör zu finden. Und die Bekannten aus dem Netzwerk sind gespannt darauf, den kennenzulernen, der so einen nachhaltigen Eindruck hinterlassen hat. So werden Sie für die Netzwerke Ihrer Kunden interessant. Manche meiner Kunden haben aus Spaß an der Sache die Vermittlung von Neukunden sogar zu ihrem Hobby gemacht.

Wichtigste Voraussetzung dafür ist jedoch:

Sie müssen mit Ihren Kunden darüber reden und ihnen zeigen, wie es geht, wie sie also ihre Empfehlung so aussprechen, dass alle Beteiligten einen Nutzen davon haben.

Das erreichen Sie am besten, indem Sie ab und zu mit Ihren Interessenten im Rahmen des Verkaufsprozesses das Haus Ihres Kunden besichtigen, natürlich nach vorheriger Absprache. Lassen Sie bei diesem Besuch Ihren Kunden sein Haus vorstellen. Sie werden erstaunt sein, mit welchem Stolz Ihr Kunde das macht. Wird nun aus dem Interessenten ein Kunde, suchen Sie den stolzen Kunden auf und überreichen ihm die Erfolgsprämie – bei mir waren das jene 500 Euro. So findet der Kunde Spaß am Präsentieren und Empfehlen. Seien Sie auf keinen Fall so geizig und sparen die Erfolgsprämie. Manche tun das mit der Begründung, sie hätten ja den Interessenten gebracht und der Kunde hätte nur sein Haus gezeigt. Wir versprechen Ihnen: Die Prämie ist eine Investition, die sich um ein Vielfaches amortisieren wird. Wie bereits weiter oben erwähnt, muss jede Vergütung natürlich versteuert werden. Besprechen Sie Ihre Vorgehensweise deshalb vorab mit Ihrem Steuerberater.

Erst geben, dann nehmen

Wie bereits angedeutet: Viele machen den Fehler, Networking als Verkaufsinstrument einzusetzen. Das aber ist falsch und sogar kontraproduktiv – es darf wirklich nur darum gehen, Menschen kennenzulernen und sie für Sie zu begeistern. Denn wenn Ihr Gesprächspartner merkt, dass Sie ihm bloß etwas verkaufen oder ihn „ausnutzen" wollen, ist er verstimmt und zieht sich zurück. Entscheidend ist im Gegenteil: Die grundsätzliche Einstellung eines Networkers besteht darin, zunächst einmal dem

Netzwerkpartner einen Nutzen zu bieten, also erst zu geben und dann zu nehmen. Vielleicht revanchiert er sich zu einem späteren Zeitpunkt, indem er Sie empfiehlt oder weil er nun selbst auf Haussuche geht!

! **Ein Netzwerk sozialer Beziehungen ist darum (und dann) so stark, weil es eine wechselseitige Hilfe verspricht, da alle Networker den festen Willen haben, ihren Netzwerkpartnern Vorteile zu verschaffen.**

Als Networker sollten Sie über ein kommunikativ „offenes Gemüt“ verfügen und ständig das Gespräch mit anderen Menschen suchen. Wir vermuten, dass Ihnen dies als Hausverkäufer nicht schwerfällt, weil Sie wissen, dass Ihre wichtigste Kompetenz die Kommunikations-Kompetenz ist. Das heißt: Sie lassen sich gern auf andere Menschen ein, wollen andere Lebensrealitäten kennenlernen und gehen aktiv auf Menschen zu.

Mit „Aber zurzeit nicht“-Interessenten in Kontakt bleiben

Das Networking hat eine zweite Dimension. Gewiss bekommen Sie von Interessenten oft zu hören, dass sie zwar grundsätzlich Interesse haben, „aber zurzeit nicht“. Es ist wichtig, zu diesen Menschen den Kontakt zu halten. Die Verabschiedungsfloskel „Wir bleiben in Kontakt“ sollte von Ihnen mit Leben gefüllt werden, denn einige dieser „Aber zurzeit nicht“-Interessenten werden sich „irgendwann“ doch noch Ihren Wunschtraum nach den eigenen vier Wänden erfüllen wollen – und dann wäre es doch schade, wenn Sie ihnen nicht mehr präsent sind.

Planen Sie darum konkrete „Bleibe in Kontakt"-Aktionen, bei denen die Überreichung der Visitenkarte zu den Selbstverständlichkeiten gehört. Verankern Sie sich langfristig im Gedächtnis der „Aber zurzeit nicht"-Interessenten, indem Sie sich kontinuierlich in Erinnerung rufen. Entwickeln Sie einen Vier-Quartals-Plan – die Checkliste 10 zeigt ein Beispiel.

Checkliste 10: „Bleibe in Kontakt"-Aktionen für „Aber zurzeit nicht"-Interessenten

- Im ersten Quartal steht eine nutzenorientierte Information im Mittelpunkt, die wohl die meisten interessieren dürfte: „Zehn Tipps, was Sie bei der Hausplanung (Hausfinanzierung, beim Grundstückskauf etc.) beachten sollten".
- Im zweiten Quartal versenden Sie einen Brief oder eine E-Mail mit „Tipps für Ihren Hauskauf" an die „Aber zurzeit nicht"-Interessenten.
- Im dritten Quartal verschicken Sie ein Rundschreiben, in dem Sie über Ihre Aktivitäten im Bereich Hausverkauf berichten, aber auch die Beziehungsebene stärken, indem Sie zum Beispiel aus dem Nähkästchen Ihrer Hobbys plaudern.
- Im vierten Quartal erhalten Ihre Interessenten Weihnachts- und Neujahrsgrüße.

Es kommt darauf an, sich regelmäßig in Erinnerung zu rufen, um im entscheidenden Moment bei den „Aber zurzeit nicht"-Interessenten präsent zu sein.

!

3.6 Strategie 6: So überzeugen Sie mit (digitalen) Serviceangeboten

Wer eine Sogwirkung auf potenzielle Interessenten ausüben will, muss mehr als die üblichen Vermarktungs- und Positionierungsstrategien bieten. Eine Option ist, den Interessenten höchst individuelle und innovative Service-Ideen zu präsentieren, durch die diese hautnah merken und erfahren, dass sie für Sie „der wichtigste Mensch auf der Welt“ sind. Und das können Sie am besten belegen, indem Sie genau das Haus anbieten, das der Interessent wünscht, zum Beispiel mithilfe eines Hauskonfigurators.

Schauen Sie sich dazu zum Beispiel die Webseite https://calculator.almondia.com/#!/ im Internet an. Selbstverständlich muss die Idee, dass der Interessent sein Traumhaus selbst „entwickelt“, nicht auf die virtuelle Möglichkeit beschränkt bleiben. Das geht auch im realen Leben und im direkten Kundenkontakt. Aber in diesem Buch dreht sich ja alles um die Neukundengewinnung und da ist es aus akquisitorischen Gründen von Vorteil, wenn Sie auf Ihrer Webseite dem Interessenten mit solch einem Hauskonfigurator die Gelegenheit eröffnen, mit seinen Vorstellungen, Träumen und Wunschvorstellungen spielerisch zu agieren. Der Interessent baut eine fast schon haptische Beziehung zu Ihnen auf, indem er mit Ihrem Hauskonfigurator sein Traumhaus vor seinen Augen entstehen lässt.

Übrigens: Wenn Sie dem Interessenten am Ende noch einige ansprechende Bilder von Ihren Häusern präsentieren können, die seiner Konfiguration entsprechen, ist die Wahrscheinlichkeit groß, dass er Kontakt mit Ihnen aufnimmt.

Klug ist es, wenn der Interessent bereits vor der Anmeldung und Registrierung auf Ihrer Webseite den Hauskonfigurator nutzen und sein Traumhaus erstellen kann. Ist dies erst nach der Registrierung möglich, wirkt dies auf viele Interessenten abschreckend. Sie glauben, es ginge Ihnen nur um die Datenbeschaffung.

Ein weiterer Vorteil auf Ihrer Seite: Durch die Konfiguration erfahren Sie einiges über den Interessenten, eine detaillierte Interessentenqualifizierung ist möglich – Sie können bei der Kontaktaufnahme sehr individuell auf ihn eingehen.

Mit dem Hauskonfigurator bieten Sie einen unschätzbaren digitalen Service. Allerdings: Laut einer Studie der Roland Berger GmbH ist es um den Digitalisierungsgrad der deutschen Bauwirtschaft und Bauindustrie eher schlecht bestellt, es gibt demnach einen gewaltigen Nachholbedarf.

Das heißt aber auch: Hausanbieter, die ihren Interessenten und Kunden im digitalen Bereich einen besonderen Service bieten und deren digitale Bedürfnisse und Erwartungen berücksichtigen, bauen ein schlagkräftiges und unschlagbares Alleinstellungsmerkmal auf. Entscheiden Sie, ob Sie dazu gehören wollen!

In der Studie heißt es: „Akteure der Bauindustrie, die sich daher frühzeitig mit den technischen Entwicklungen beschäftigen und Gedanken über die Umsetzbarkeit entlang der gesamten Wertschöpfungskette machen, besitzen gute Chancen, sich von der Konkurrenz abzuheben. Zudem steigern diese Firmen durch den Einsatz digitaler Methoden ihre Produktivität und Effektivität. (...) Zu den Gewinnern der Digitalisierung werden die Unternehmen gehören, die frühzeitig eine eigene Digitalisierungsstrategie entwickelt und umgesetzt haben." Konkrete Vorschläge sind: „Im Marketing und Vertrieb" können „digitale Verkaufs-Applikationen" genutzt werden, „um Händler und Kunden zu überzeugen; im After Sales-Bereich", um „den Kunden neue Service- und Supportleistungen" anzubieten, „welche die Kundenbindung erhöhen" (Roland Berger GmbH 2016, S. 14).

https://www.punktlandung-im-hausverkauf.de/blog/interview-digitale-tools-sind-echte-emotions verstaerker-im-vertrieb-von-haeusern/

Lassen wir hier mal mit Jürgen Dawo, Gründer der Town&Country Haus Lizenzgeber GmbH und Geschäftsführer Town&Country Franchise International einen erfolgreichen Unternehmer zu Wort kommen, der sich schon sehr früh mit den Chancen und Herausforderungen der Digitalisierung in der Bauwirtschaft und dem Profi-Hausverkauf auseinandergesetzt hat. Mit ihm habe ich ein sehr interessantes Interview geführt, dass Sie in Gänze übrigens in meinem Hausverkäufer-Blog lesen können:

> *Für den Aufbau einer „digitalen Bauwirtschaft" gibt es bereits viele Anwendungsmöglichkeiten und Softwarelösungen, etwa in der Beschaffung, der Baustellenlogistik, dem Kundenmanagement und der klassischen Kommunikation. Aber das dürfen keine Insellösungen sein. Das Ziel muss vielmehr darin liegen, vorhandene Tools richtig zu orchestrieren und ohne Reibungsverluste am Markt zu platzieren. Das aber gelingt nur mit einer hochdynamischen Organisation und auch nur, wenn Ziele und Nutzen der Digitalisierung vom Geschäftsführer bis zum Lieferanten verstanden worden sind. Es geht um Transparenz von der ersten Idee bis zum fertigen Produkt.*

Ein Beispiel dafür: Ein wichtiges Projekt, das wir bereits ausgerollt haben, ist unsere App für Bauleiter und Handwerker. Sie ermöglicht die barrierearme und digitale Erfassung aller baurelevanten Dokumente, einen papierlosen Workflow von der Planung bis zur Hausübergabe und eventuellen Nacharbeiten, aber eben auch die Qualitätssicherung und den reibungslosen Austausch aller wichtigen Akteure auf dem Bau. Mit automatisierter Synchronisation schaffen wir volle Transparenz bis zum Bauherren, der seine Daten live in einem Bauherrenportal abrufen kann. Das schafft Vertrauen und bindet an die Marke.

Große Relevanz für uns hat ebenso das Building Information Modeling (BIM). Vorteil dieser Methode ist, dass bereits vor dem Bau eine digitale Simulation möglich ist. Fehlplanungen werden somit minimiert und potenzielle Mehrkosten sowie mögliche Alternativlösungen frühzeitig identifiziert. Auf Basis unserer Partnersoftware, mit der wir bereits seit mehr als zehn Jahren Häuser für unsere Zielgruppe visualisieren und bis zum fertigen Vertrag ausgeben können, schließt das einen Teil der Lücke von der Planung bis zum fertigen Haus. Darüber hinaus haben wir für unsere Franchise-Partner ein Portal geschaffen, welches die Beschaffung der für den Bau erforderlichen Materialien ermöglicht; nachvollziehbar bis zur Lieferung auf die Baustelle. Mit dem Zugriff auf ein als Unternehmenscockpit gestaltetes Interface ermöglichen wir unseren Partnern einerseits betriebswirtschaftliche und strategische Ansichten und andererseits die Kommunikation untereinander.

Klar ist: Digitalisierung eröffnet jede Menge Chancen. Aber sie wird auch die Arbeitswelt massiv verändern, wird Inhalte und

> *Abläufe von Aus- und Weiterbildungen, sowie die Gestaltung des Arbeitsplatzes und von Arbeitszeiten betreffen. Und sie wird gleichzeitig die Art und Weise, wie wir miteinander umgehen, ändern. Für uns zählt der Faktor Mensch – und die meisten Menschen sind privat schon längst digital.*

Das ist der Weg, den die Bauwirtschaft gehen wird – davon bin auch ich überzeugt. In vielen Unternehmen und Bereichen wird das noch länger dauern, aber schon jetzt können auch Sie von der digitalen Transformation profitieren – wenn Sie sich denn damit auseinandersetzen und Chancen suchen!

Persönlichen Bauherren-Berater engagieren

Gerade digital ergeben sich vollkommen neue Möglichkeiten – ein weiteres Beispiel ist der „Bauherren-Berater“: Ihr potenzieller Interessent trägt auf Ihrer Webseite möglichst viele Informationen zu seinem Bauprojekt ein, gibt also praktisch ein Profil ab. Und Sie ordnen dann diesem Interessenten aus Ihrem Team einen Mitarbeiter zu, dessen Kompetenzen und Qualifikationen geeignet sind, gerade das Bauprojekt dieses Interessenten zu betreuen. Ihr Versprechen lautet also:

- „Lieber Interessent, sage mir konkret, was du willst, und du wirst von einem Bauherren-Berater aus meinem Team beraten und betreut, der genau einschätzen kann, was du möchtest!“

Es gibt Personal Trainer für Leib und Seele und Personal Assistants – warum nicht auch einen persönlichen digitalen Bauherren-Berater?!

„Liebe das, was du tust, sehe nicht nur die Provision als höchste Priorität, sondern den Menschen und den Lebenstraum.

Ganz wichtig für Spitzenverkäufer ist außerdem eine gezielte Vorbereitung. Neueinsteiger brauchen einen Fahrplan für die Telefonate und die persönlichen Gespräche. Außerdem sollten sie lernen, klar zu unterscheiden, welcher Kunde ein Kauf- und welcher Kunde ein Wissensinteressent ist. Das macht einen großen Unterschied. Der Wissensinteressent möchte sich nur informieren, der Kaufinteressent kauft."

Sylvia Lösch, Spitzenverkäuferin und Geschäftsführerin bei Südwest Massivbau GmbH

Das Prinzip ist stets: Sie bieten online einen speziellen Service – denkbar ist auch eine Einschätzung der Baukosten durch einen Baupreisschätzer: Der Interessent nutzt diesen Service und lässt sich registrieren. Sie verfügen über die Möglichkeit, mit ihm Kontakt aufzunehmen und in die fundierte Beratung einzusteigen. Ein Beispiel für einen Baupreisschätzer finden Sie unter https://almondia.com/baupreisschaetzung#/1.

Nachhaltigkeit und Ehrlichkeit als Servicefaktoren

Wichtig ist, dass Sie mehr bieten als nur die üblichen Serviceangebote, die jeder Hausanbieter im Angebotsköcher mit sich führt. Nutzen Sie neben der Digitalisierung die Aspekte „Nachhaltigkeit" und „Ehrlichkeit", um sich konsequent vom Wettbewerb abzugrenzen.

Für immer mehr Menschen spielen beim Hauskauf die Werteorientierung im Allgemeinen und die Beachtung ökologischer Gesichtspunkte im Besonderen eine entscheidende Rolle.

Der Ökohaus-Pionier Baufritz etwa nutzt die Tatsache, dass er von dem Wirtschaftsmagazin Capital und der Talentplattform Ausbildung.de in einer deutschlandweiten Erhebung unter 500 Unternehmen zu den besten Ausbildern Deutschlands gewählt worden ist. Solche Auszeichnungen, Prämierungen und Labels motivieren werteorientierte Interessenten, mit diesen Hausanbietern Kontakt aufzunehmen. Ähnliches hat im Jahr 2018 das Unternehmen Fingerhut Haus erlebt, welches von 49 Fertighausanbietern im Vergleich, den die Redaktion „Capital" durchführte, Platz 1 belegte.

Die Tatsache, dass Bauland knapp ist und die Nachfrage nach Grundstücken und Immobilien das Angebot kräftig übersteigt, führt dazu, dass es unter den Hausanbietern leider schwarze Schafe gibt, die die (Not)Situation der Haussucher ausnutzen. Darum bietet Ihnen der Aspekt „Ehrlichkeit" einen weiteren Ansatz, ein Alleinstellungsmerkmal zu etablieren. Positionieren und profilieren Sie sich als ehrlicher Entscheidungshelfer und als Vertrauensperson, die sich im Kontakt mit Interessenten und Kunden stets mit den drei Ehrlichkeits-Fragen auseinandersetzt (Guttenberger 2017, S. 15).

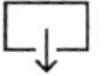

Checkliste 11: Die drei Ehrlichkeits-Fragen

- Ehrlichkeits-Frage 1: „Braucht der Interessent ein Haus von mir?" (Sie klären die Kaufmotive.)
- Ehrlichkeits-Frage 2: „Will der Interessent das Haus bei mir kaufen?" (Sie prüfen: Besteht eine stabile, belastbare Beziehungsebene zum Interessenten?)
- Ehrlichkeits-Frage 3: „Kann der Interessent dieses Haus und die damit verbundene Dienstleistung bezahlen?" (Sie klären die Investitionsmöglichkeiten und -bereitschaft.)

Hilfestellung bei Finanzierungsfragen geben

Der Ehrlichkeits-Aspekt gewinnt an Bedeutung, wenn Sie Ihren Interessenten bei der Finanzierung Unterstützung anbieten. Wer hier ehrlich agiert, den Haussucher nicht unter Druck setzt und ihn zum Beispiel darauf hinweist, dass in der Niedrigzinsphase Vorsicht geboten ist, weil am Ende der günstigen Laufzeit das böse Erwachen und der schmerzhafte neue Zinssatz drohen, differenziert sich klar und eindeutig von so manchem unehrlichen Wettbewerber.

Die Bauherren-Studie 2017 des bereits erwähnten Bauherren-Beraters Almondia (https://almondia.com) hat ergeben, dass bei mehr als 70 Prozent der privat errichteten Häuser die Baukosten vollkommen aus dem Ruder laufen.

Darum: Erhöhen Sie Ihren Ehrlichkeitsfaktor, indem Sie etwa auf die Erwerbsnebenkosten (Grunderwerbssteuer, Notar- und Grundbuchgebühren etc.) und mögliche Ausfallzeiten (durch Kinderwunsch) hinweisen. Kosten und Ausfallzeiten können die Finanzierung ins Rutschen bringen. So schützen Sie Ihre Interessenten davor, dass steigende Baukosten ihnen den Traum vom eigenen Haus verleiden.

Ein weiterer Service in Finanzierungsfragen besteht darin, über die Bandbreite der Fördermittel zu informieren, die zum Beispiel seitens des Bundes zur Verfügung gestellt werden.

> **Wer es kann und will, sollte bei der Beratung tiefer einsteigen – solche Unterstützung wird von Haussuchern gern und dankbar angenommen und ist auf dem Weg zum Abschluss für Interessenten oft ein ausschlaggebendes Kaufargument.**

!

3.7 Strategie 7: So beschreiten Sie mit ungewöhnlichen Ideen neue Akquisitionswege

Kennen Sie die Umkehr-Methode? Sie basiert darauf, kreative und innovative Problemlösungen zu finden, indem Sie Ihre grauen Gehirnzellen mit einer ungewöhnlichen Fragestellung reizen und auf Trab bringen: „Wie gelingt es, Interessenten zu vergraulen und unsere Akquisitions- und Vertriebs-Pipeline möglichst unbefleckt zu halten?“ Probieren Sie es einmal aus – natürlich nur, um in einem zweiten Schritt geeignete „Gegenmaßnahmen“ aufzustellen, also aus den Vergraulungsvorschlägen Ideen abzuleiten, die Ihre Neukundengewinnung revolutionieren. Die folgenden Ideen, so hoffen wir, tragen dazu bei, Ihre Akquisitions-Pipeline zu füllen.

Messen, Banken und Bauschilder nutzen
Dass eine Präsenz auf den einschlägigen Hausanbieter-Messen zielführend ist, haben wir bereits erwähnt. Schauen Sie sich aber auch in den Nebenbereichen um. Menschen, die auf Haussuche sind, besuchen oft auch „artverwandte“ Messen und Ausstellungen wie zum Beispiel Möbelmessen, Gartenmessen oder Verbrauchermessen, die sich mit Einrichtungsgegenständen und Designartikeln für Häuser beschäftigen.

In eine ähnliche Richtung weist die Präsenz Ihrer Anzeigen bei „artverwandten“ Dienstleistern. Warum nicht eine Anzeige in den Printmagazinen oder auf den Webseiten von Banken und Finanzdienstleistern schalten? Ihre potenziellen Interessenten suchen ja nicht nur nach einem Haus, sondern zugleich nach Finanzierungsmöglichkeiten. Zudem recherchieren sie nach Themen und Informationen rund um den Hauskauf. Wenn Sie dort mit Anzeigen und Ihren Informationen präsent sind, erregen Sie die Aufmerksamkeit Ihrer relevanten Zielgruppe.

Das gilt auch für Bauschilder. Wenn Sie in Neubaugebieten, die gerade erschlossen werden, ein Bauschild mit Ihren Kontaktadressen platzieren, wird dies direkt von Ihrer Zielgruppe gesehen.

!

Haben Sie schon einmal daran gedacht, eine Taxi-Werbung zu schalten, also auf den Taxis präsent zu sein, die in Ihrer Region unterwegs sind? Solche Werbeplätze lassen sich auch auf Bussen und Straßenbahnlinien schalten.

Ab in die Rankinglisten – und auf den Wanderweg!

Prüfen Sie, ob es sich für Sie lohnt, sich aktiv um die Aufnahme in Rankings zu bewerben, die von Ihrer Zielgruppe als relevant angesehen werden. Nach dem Motto: „Wer dort auftaucht, muss gut sein und qualitativ einiges zu bieten haben!" Der Vorteil ist, dass Sie in Ihrer Außendarstellung mit der guten Platzierung in der Rankingliste die Aufmerksamkeit auf sich lenken können.

Ein interessantes Interview dazu mit Fingerhut Haus finden Sie in meinem Blog: www.punktlandung-im-hausverkauf.de/blog

Ein Beispiel ist die Bewertung der Fairness, die FOCUS-MONEY gemeinsam mit dem Kölner Analyse- und Beratungshaus ServiceValue regelmäßig bei Massivhausanbietern durchgeführt hat. In der Online-Befragung 2017 haben mehr als 1.000 Kunden zu 34 Service- und Leistungsmerkmalen Stellung bezogen, so etwa zu den Punkten „Faire Kundenkommunikation", „Fairer Kundenservice", „Faire Kundenberatung", „Nachhaltigkeit & Verantwortung" und „Faires Preis-Leistungs-Verhältnis". So ist es möglich, mit der Auszeichnung „Fairster Massivhaus-Anbieter" zu werben und die Akquisitions-Pipeline über diese

Schiene zu füllen. Ein ähnliches Testing und Ranking gibt es übrigens auch bei Anbietern von Fertighäusern, beispielsweise das Ranking von „Capital", von dem ich bereits weiter oben berichtet habe.

Aufmerksamkeit erregen Sie zudem durch ungewöhnliche Aktionen wie das „Bau-Wandern": Das hat nichts damit zu tun, dass Sie ‚in den Bau' – also ins Gefängnis – wandern. Vielmehr bieten Sie Interessenten an, im Rahmen einer Wanderung „von Haus zu Haus" mehrere Ihrer Objekte zu besichtigen, um sich hautnah über Ihre Dienstleistungen und Angebote informieren zu können.

Das Bau-Wandern erinnert an Aktionstage wie den bundesweiten „Tag der Musterhäuser" (https://www.musterhaus.net/news/aktionen-tag-der-musterhaeuser-2016) oder die „Nacht der Musterhäuser" (https://www.musterhaus.net/news/nacht-der-musterhaeuser). Wenn Sie an solchen anbieterübergreifenden Aktionen zahlreicher Ausstellungshäuser teilnehmen, profitieren Sie von der erhöhten Aufmerksamkeit potenzieller Interessenten.

Fazit: Nutzen Sie die klassischen Wege, um Ihre Akquisitions- und Vertriebs-Pipeline zu füllen, aber auch und vor allem die kreativ-innovativen Möglichkeiten zu Neukunden.

Von besonderer Relevanz sind die Aktivitäten, mit denen Sie überdies Alleinstellungsmerkmale und damit Differenzierungspunkte zum Wettbewerb aufbauen können.

„Ich glaube, echte Spitzenverkäufer in diesem wettbewerbsorientierten Markt des Haus- und Wohnungsbaus zeichnet aus: 1. stolz zu sein, dass man Verkäuferin oder Verkäufer ist, 2. echtes Interesse am Kunden und seinem Umfeld zu haben, 3. ganz klar konsequent den Abschluss zu suchen und 4. keine Angst vor dem „Nein" zu haben. Ich bin der Meinung, dass beim „Nein" das richtige Verkaufen erst beginnt.

Hilfreich sind das bedingungslose Arbeiten mit Checklisten und eine Angebotspräsentation mit der sogenannten Drei-Vorschlags-Methode.) Und wenn alle Punkte besprochen sind, dann ist auch konsequent die Abschlussfrage zu stellen: ´Wenn diese Punkte geklärt sind, bauen wir dann das Haus gemeinsam´?"*

Thimo Wößner, Spitzenverkäufer, Bauidee Wohlfühlhäuser GmbH

*) Die Drei-Vorschlags-Methode wird im Taschenbuch „Punktlandung im Hausverkauf" (stationärer Buchhandel & Amazon etc.) ausführlich erläutert.

Das Ohr am Puls der Zeit: Voice Commerce

Ganz am Schluss möchte ich Ihnen noch einen Tipp mitgeben für einen Vertriebskanal, der auch für Sie in Zukunft immer wichtiger wird: Voice Commerce.
"OK Google, nenn mir eine gute Baufirma." oder "Alexa, wer bietet Hausbau in der Gegend von Köln an?" oder „Siri, such die besten Bauunternehmen" (was übrigens wieder auf die Regionalität einzahlt, denn Siri wird dies gemäß einer Umkreissuche der Ortungsdienste erledigen), „OK Google, Tipps für Haus-

bau“ – solchen sprachgesteuerten Anfragen gehört nach allen Untersuchungen die Zukunft. Sie müssen JETZT Ihre Website darauf optimieren, dass bei solchen Anfragen Ihr Unternehmen vom Google Assistant, von Alexa, Siri oder der nächsten sprechenden KI-Anwendung genannt wird! Halten Sie das Ohr am Puls der Zeit und planen Sie jetzt die Zukunft Ihrer Vertriebs-Pipeline, so wie Sie die Zukunft Ihres Bau-Unternehmens planen!

Nachwort

Nun ist Ihre Buch-Reise zu Ihren Neukunden beendet. Aber natürlich beginnt jetzt erst die „richtige" Arbeit: Sie müssen ins Handeln und in die praktische Umsetzung gelangen. Dazu empfehlen wir Ihnen, unsere Tipps konsequent auf Ihre Ausgangslage zu beziehen und Ihren Gegebenheiten anzupassen – und dann zu starten.

Gern stehen wir von Kaltenbach Training Ihnen auch bei der Umsetzung mit Rat und Tat zur Seite!

Fordern Sie unser Team für die Moderation eines *Strategietages* an oder führen sie mit uns ein *Vertriebsaudit* durch. Im Vertriebsaudit 360° durchleuchten wir Ihren Vertrieb aus mehreren Perspektiven, ermitteln mit Ihnen Ihre ausbaufähigen Stärken und Ihre Engpässe. Für letztere erarbeiten wir Lösungsansätze und Umsetzungsstrategien.

https://www.punktlandung-im-hausverkauf.de/strategische-vertriebs entwicklung/

Sie möchten mehr darüber erfahren? Einfach per Klick auf https://www.punktlandung-im-hausverkauf.de/strategische-vertriebsentwicklung/

Oder besuchen Sie einfach eines unserer offenen Seminare aus der Seminarserie „Punktlandung im Hausverkauf" Stufen 1 bis 4, in denen Sie das Verkaufswerkzeug des Hausverkäufers erhalten, sich Ihre passende Verkaufsstrategie erarbeiten und mehr über die Organisation eines Grundstücksservices und Strategien für den professionellen Umgang mit bisher für Sie „komplizierten Kunden" und Einwänden erfahren: https://www.punktlandung-im-hausverkauf.de/seminare-spezialtraining-fuer-hausverkaeufer/

Oder rufen Sie uns einfach an, vereinbaren einen Telefontermin oder ein Webmeeting mit mir. Im vertrauensvollen Gespräch beraten wir, welche der vielen Möglichkeiten für Sie den größten Nutzen bringt:

Telefon: **03491 79395-0**

Gerne bringe ich in Ihre Zukunft meine rund 30-jährige Erfahrung im Vertrieb und der Immobilienbranche und meine Leidenschaft für den Hausverkauf ein.

Ich freue mich darauf, Sie persönlich kennenzulernen!

Ihr Ralph Guttenberger

Literatur und Quellen

- Bernecker, Michael: *Online Marketing für Bildungsanbieter.* Johanna Verlag. Bergisch Gladbach 2018

- Buhr, Andreas: *Vertrieb geht heute anders. Wie Sie den Kunden 3.0 begeistern.* GABAL, 8., überarb. Auflage 2019

- Guttenberger, Ralph: *Punktlandung im Hausverkauf. Tipps und Strategien für den Profi-Hausverkäufer.* Edition Vertrieb, 2. Auflage 2019

- Guttenberger, Ralph: *Punktlandung im Vertrieb. Wie Sie den Kunden zielsicher zum Abschluss führen.* Wiley 2014

- Scheelen, Frank M.; Bigby, David G.: *Kompetenzorientierte Unternehmensentwicklung. Erfolgreiche Personalentwicklung mit Kompetenzdiagnostiktools.* Haufe-Lexware 2011

- Scheelen, Frank M.: *Menschenkenntnis auf einen Blick. Sich selbst und andere besser verstehen.* mvg verlag, 6. Auflage 2009

- Taxis, Tim: *Heiß auf Kaltakquise. So vervielfachen Sie Ihre Erfolgsquote am Telefon.* Haufe-Lexware, 5. Auflage 2017

- Vogelhuber, V.; Scheelen, Frank M.: *Was Menschen wirklich wollen. Menschenkenntnis auf einen Blick mit Profiling³.* Bildungsverlag by Scheelen 2019

Fachartikel, Studien, Internet-Seiten

- Hesse, Martin u. a.: *Der Wohnungswahn.* In: Der Spiegel 06/2018, S. 12-19
- Roland Berger GmbH: Digitalisierung der Bauwirtschaft. München, Juni 2016. Downloadmöglichkeit unter: https://www.rolandberger.com/de/press/Digitalisierung-der-Baubranche.html

- Waltersbacher, Matthias: B*auland als Engpassfaktor für mehr bezahlbaren Wohnraum. Analyse der Baulandpreise aus den Kaufpreissammlungen der Gutachterausschüsse.* Bundesinstitut für Bau-, Stadt- und Raumforschung, Bonn 2017

- FOCUS-MONEY: Gut und solide zum Eigenheim: Das sind die-fairsten Massivhausanbieter, 2017. Quelle: https://www.focus.de/immobilien/bauen/studie-von-focus-money-gut-und-solide-zum-eigenheim-das-sind-die-fairsten-massivhaus-anbieter_id_7464010.html

- FOCUS-MONEY: Fair ins Fertighaus: Das sind die besten Hersteller, 2017. Quelle: https://www.focus.de/immobilien/bauen/focus-money-test-fair-ins-fertighaus-das-sind-die-besten-hersteller_id_7683523.html

Stichwortverzeichnis

Der Autor: Ralph Guttenberger

Ralph Guttenberger ist Vertriebsexperte, erfolgreicher Unternehmer und Trainer sowie Geschäftsführer und Inhaber des alteingesessenen Weiterbildungsunternehmens Kaltenbach Training.

Warum geht jemand nach einer Karriere als Jetpilot bei der Luftwaffe in den Hausverkauf? Und warum wird derjenige in diesem augenscheinlich völlig anderen Job wieder erfolgreich? Das haben sich nicht nur seine Freunde und seine Familie gefragt. Seine Antwort darauf: „Verkaufen ist wie Fliegen".

Der professionelle Hausverkauf und auch das Fliegen erfordern eine lange Ausbildung, unzählige Schulungen und Trainings am Boden. Das jedoch allein bringt keine Meisterschaft. Die Praxis der Kundengespräche macht den Hausverkäufer zum Profi. Die ständigen Flugtrainings machen den Piloten zum Spitzen-Piloten.

Als Jetpilot der Luftwaffe war Ralph Guttenberger am Ende Jagdflieger der Leistungsklasse I, Staffelkommandant und Ausbilder. Er hat junge Piloten zur Perfektion geführt – mit Trainings am Boden und mit ihnen gemeinsam im Kampfflugzeug in der Luft. Coachings auf höchster Ebene, gewissermaßen.

Nach seiner mehr als 25-jährigen Erfahrung als erfolgreicher Unternehmer und nach rund zwei Jahrzehnten im Hausverkauf gibt er nun sein Wissen und seine Erfahrungen an andere Unternehmer und Verkäufer weiter. Er vermittelt ihnen, wie sie zu Spitzenverkäufern oder zu überdurchschnittlich erfolgreichen Unternehmern werden.

Profi-Hausverkäufer oder erfolgreiche Unternehmer werden nicht geboren. Sie werden gemacht. Wie? Die Antwort darauf zu vermitteln, ist Ralph Guttenbergers Berufung.

Weitere Informationen: **www.kaltenbach-training.de**

Ein Profil des Autors finden Sie auch unter: **http://www.xing.com/profile/RalphH_Guttenberger**

… und nutzen Sie auf jeden Fall die zusätzlichen Downloadmaterialien zu diesem Booklet unter **www.punktlandung-im-hausverkauf.de** sowie die aktuellen Beiträge von Ralph Guttenberger unter **http://www.kaltenbach-training.de/blog/** und **http://www.kaltenbach-training.de/newsletter-anmeldung/**

EXTRA FÜR SIE ALS PROFI-HAUSVERKÄUFER/IN

SO PROFITIEREN SIE NOCH MEHR:

Ralph Guttenberger:
Punktlandung im Hausverkauf.
Tipps und Strategien für den Profi-Hausverkäufer

Buch und E-Book
auf Amazon und überall im Buchhandel

Ralph Guttenberger:
Punktlandung im Vertrieb.
Wie Sie den Kunden zielsicher zum Abschluss führen

Buch und E-Book
auf Amazon und überall im Buchhandel

... und natürlich in den bekannten Fachtrainings und Seminaren für Profis im Hausverkauf und Vertrieb

Einfach unverbindlich anrufen unter

03491 97395-0

www.kaltenbach-training.de/seminare

KOSTENLOSE FACH-WEBINARE

Regelmäßig bietet Ralph Guttenberger für alle nachgewiesenen Profi-Hausverkäufer ein kostenloses Info-Webinar an, bei dem Sie ihm Ihre brennendsten Fragen im Vertrieb stellen können.

Wollen Sie dabei sein? Dann senden Sie einfach eine E-Mail mit Ihrem Namen und Ihrer Firmenbezeichnung an vertrieb@kaltenbach-training.de

Sie erhalten dann (im Double-Opt-In-Verfahren) eine Bestätigungsmail, die Sie anklicken, damit niemand unter Ihrem Namen fälschlicherweise E-Mails verschickt und Sie im Rahmen der DSVGO die Sicherheit haben, dass wir mit Ihren Daten höchst verantwortlich umgehen. Unsere ausführliche Datenschutzerklärung finden Sie übrigens unter https://punktlandung-im-hausverkauf.de/datenschutz.